7天教你掌握身體語言力

從讀心到攻心

YOU SAY MORE THAN YOU THINK

A 7-Day Plan For Using The New Body Language To Get What You Want

美國官方身體語言辨識權威，聯邦執法訓練中心專業講師

珍妮・柴佛 Janine Driver｜瑪瑞斯卡・凡阿爾斯特 Mariska Van Aalst 著 程珮然 譯

專文推薦

看我・讀我——盡情揮灑個人的智慧與魅力

張艾如

從事心理醫師的工作十五年了，除了醫療工作的本職，多年來也受邀於企業、基金會、學校等各單位進行「職場壓力紓解」、「EQ與情緒管理」、「人際溝通技巧」講座，致力於提升民眾的生活品質。講座中，每每我都特別強調人際互動中不只語言溝通是重要的，事實上身體語言／非語言，包括肢體動作、眉宇之間的表情、眼神，以及語調上的抑揚頓挫，更是流露情緒祕密的關鍵所在。由於人往往深受外在眼光與世俗標準的影響，因此透過理性的運作雖然得以修飾語言的用詞，然而感性的情緒內涵卻容易不知不覺地於動作舉止與身體語言中表露無遺！

從心理學的觀點來看，畢竟每個人的「意識」不太了解「潛意識」，而後者卻深深影響每個生命體的一生；如果意識主宰較多的理性面，而潛意識掌管較多的感性面，那麼語言便是相對在意識層面較容易被理性覺察的，身體語言則是潛意識層面直接蘊涵感性面情緒的外顯結果。我們希望每個人在「活到老、學到老」增長EQ的人生閱歷中，能漸漸學習從意識至潛意識有更多並重的覺察，於是能讓理性與感性更趨平衡，生活中便不再輕易地感受到感性面情緒的直接衝擊而已，理性面也能因懂得調節感性面情緒而幫助自己溝通更平順。

倘若我們能在理性上對身體語言有更多的了解，則能對感性上互動訊息有更正確的判讀，並能提供積極加分的調整：一，當我們注意到一個人的語言與非語言訊息不一致時，便能理解非語言的訊息更能準確地貼近內心真實感受，不輕易受到言語內容的影響而造成負向傷害；二，當自己用心於婉轉的語言表達時，也可以避免自身未被注意到的不貼切身體語言，以免破壞原意，造成對方收到身體語言的感受甚於語言表達；三，適切搭配身體語言的呈現，加強他人對自己整體的正面印象，更能清楚表達自信與智慧、散發出具特色的個人魅力，特別是職場上的表現，因此更能帶來正向循環的人際關係，促使成功的能力展現，相對感受到的職場壓力便自然減少。

當然不同的文化特色皆會影響不同身體語言的表達意義，讀者們將能在閱讀本書時細細品味「同中全異」與「異中求同」的美妙，開始徜徉在作者多年來累積無數場研討會、訓練課程與生活體悟，因而用心整合發展出的一套「身體語言七日計畫」。書中我們將可以體會到作者透過對各種生活實例的細膩觀察與解析，運用輕鬆妙語以及實境照片的搭配，帶領讀者在平常的生活中快速建立自信、迎接美好。依該計畫進行每一天的學習目標，的確有助於我們的意識了解潛意識內涵，因為愈是懂得運用身體語言，愈能促使理性與感性的平衡，更臻生活的圓融。「身體語言七日計畫」中，特別令人驚豔、印象深刻的「肚臍法則」更是一絕！

最後要強調的是人與人互動中的「真誠」態度，也就是當下感受到的氛圍（我喜歡以「能量場／磁場」稱之），無庸置疑是凌駕於語言或非語言溝通之上更重要的前提，我們完全不希望任何人刻意卻不誠懇，甚至做出自私的行為表現，而是能著重誠意、溝通禮貌、雙贏或多贏的全面性整體感受，這也就是作者必須於最後驗收階段再次強調「新式的身體語言是一種全新態度」的貼心提醒，因為發自內心本質上的態度，大大有別於僅展現於外顯行為上的態度！我們衷心地期盼每位讀者能因本書帶來內心的滋潤、自信心的建立，因而展現自我。

最後一提，當商周的編輯來信邀約推薦序時，真的於第一時間感到欣喜若狂，很高興能有這樣強調身體語言重要性的書即將問世！當然也要在此很鄭重地推薦給各位讀者，希望每個人都能同時提升語言與身體語言溝通的藝術與技術，特別是在善用適切的身體語言加分下，擁有更棒的人際關係、更美好的生活品質！

（本文作者為臨床心理師，現任心靈之美心理治療所院長、台北市臨床心理師公會理事、國際創傷與解離學會台灣分會創會人）

專文推薦

經由新身體語言觀察術提高破案率

鄧煌發

這是一本值得推薦的好書。我國有句古老諺語：「相由心生。」強調個人的外貌、外顯行為，常受內心想法、情緒、動機、驅力等所影響，故有「觀察術」經驗法則應用在人際關係；利用個人內心行為取向，透過所處的環境刺激，必然會做出特定的反應，「身體語言」（body language）就是在這樣的情境下展現出來。

這本書與我專長的犯罪學與警察犯罪偵查領域最相關的部分，應屬「犯罪剖繪」（criminal profiling）的技術，它是目前世界各國警察採取美國聯邦調查局（FBI）最早研發的一套完整的犯罪人格剖繪技術，以徹底執行犯罪刑案的現場重建（crime scene reconstruction），從犯罪現場、被害者及其他可獲得證據的詳細偵查資料中，透過演繹、推導、歸納的步驟，盡可能正確地找出未知的犯罪人；或從犯罪人所犯的罪行來了解他大部分的心理特質與行為特徵；或透過對犯罪案件的特徵分析，嘗試去側寫可能的犯罪嫌疑犯。在此，必須特別引出一位國際刑事鑑識專家——李昌鈺博士，他就是這方面的佼佼者，專業如他，相信跟他接觸過的讀者都會發現，他同時是一位社交人際關係極佳的學者。

特定型態的人格特質會表現出相似而特定的行為模式，故若利用這些行為模式即能協助犯罪偵查，最終找出潛在的犯罪嫌疑人，達成有效刑事追訴的確定性，同時也利於一般嚇阻功能的犯罪預防效益。

融合了心理學、犯罪學、精神醫學與社會學等專業知識，加上對日常生活的敏銳觀察力所得之常識，靈活運用在犯罪偵查實務的犯罪剖繪技術，是從犯罪現場、犯罪型態及被害人特性等方面蒐集、歸納出凶手特徵或人格特性之破案技術。從社會行為科學的研究領域來看，一個人所處的環境會充分反映在其人格上；同樣地，犯罪人的心理特質也會反映在他們的犯罪方式與犯罪現場上，且會持續不斷地以相近似的方式顯現出來，運用這樣的特徵原理，才能進行正確的犯罪剖繪。

一、犯罪現場反映出犯罪人的人格特質

剖繪的基本描述，主要在於犯罪現場反映出犯罪人的心理特徵，故在評估犯罪現場時，能夠提供偵查人員犯罪偵查的方向及縮小偵查範圍。犯罪現場的評估，包括被害人被傷害的方式、現場留下的物理或非物理證據，以及物品擺放的相對位置等，例如從犯罪現場的混亂或整潔程度，可以顯示犯罪者的人格是屬於雜亂無章或井然有序的特徵，警察必

須以整體的角度來衡量犯罪現場，以形成犯罪者的整體輪廓。

二、獨特的犯罪手法建構特定的犯罪模式

就行為科學的觀點，從犯罪現場與被害情形可以歸納出「犯罪模式」（crime pattern）與「手法」（method of operation）。「犯罪模式」指的是不特定相關一群人之間的犯罪手法，卻存在著相類似的犯罪途徑、手段、方法，從中可彙整出一套概括模式；「手法」指的是某人或某特定犯罪集團，在反覆多次從事犯罪行為時，會慣用某一種特定手法或方式。犯罪行為一再重複且平順進行的同時，犯罪人的犯罪模式將具有必存性、反覆性及固定性，但若在行為過程遭遇到難以預期或控制的情況，將因而修正其犯罪手法。總之，犯罪手法係犯罪人於行為時所習得的結果顯示，具有個別化與獨特性；而手法僅只是犯罪者在操弄被害者或犯罪現場所呈現之方式，對犯罪行為非屬必要因素，僅只是滿足犯罪人的心理需求。

三、犯罪特徵將維持穩定不變

犯罪人會在其所犯的犯罪案件中留下相同的特徵，這些特徵包括犯罪人留在犯罪現場的特殊方式、被害者所說的話，或其他足資顯示及辨認的物品等。例如潛入住宅行竊卻沒

有偷到有價值的物品的慣竊，常會在屋內拉屎或盜取屋主的身分證，藉以消解霉運。

四、犯罪人的核心人格原則上不會改變

基本上，個人的核心人格不會因時間而改變，或許可以隨意改變外觀，但其人格中心成分將是定型的，只有少數個案會因時間、環境與壓力等因素而改變。由於犯罪人無法輕易地轉變其核心人格，故他會以相近的方式犯下類似案件，且會要求被害人去做與前一位被害人被迫做的相同事情。

本書所闡述的豐富內容，結合上述犯罪剖繪的原理，將能夠讓警察成功地分析出不同犯罪類型的基本特徵，提高破案的機率。這本書尤其能夠讓一般讀者明白實施步驟，正確運用正向修正行為的方式，以新身體語言修練自己；此書另一值得特別點出的特色，在介紹重要概念或步驟之後，均會適時地出現成功個案的親身見證，從中加強讀者的心理支持，相信可以在短短一週內，發展出成功的社交魅力，讓讀者在競爭激烈的職場或情場上春風得意，順利步上人生的顛峰。

（本文作者為中央警察大學犯罪防治學系教授）

專文推薦

連自己都想多看自己兩眼

歐耶

身為國內唯一結合劇場肢體表演訓練、口語表達技巧與非語言溝通訓練的專業企業教育訓練講師，我真的一點都不想推薦各位看這一本書！因為……

如果你也曾在這三、四年間看過有關「肢體語言溝通」或是所謂「識人學」、「猜透對方心思的身體語言」之類的書籍，卻跟我與我的眾多學生一樣看不到一半就睡著。

如果你也跟我一樣，是個深深了解肢體語言的驚人力量，不願讓艱深的理論與似是而非的陳述困擾著學生，苦於找不到合適的訓練教材與工具書的老師。

如果你也是個花了一堆錢，抱著一大堆號稱能快速分析所有人細微表情與姿勢動作之背後義涵的「經典」書籍，人際關係卻依然處處撞壁、一籌莫展的「忠實讀者」。

如果你也是每次看類似的書之後，總是驚訝讚嘆非語言的影響力，才知道原來自己的動作已經透露出這麼多祕密，但最後總止於驚訝而已！（你到底還要讓自己驚訝幾次？）

如果你也是屬於想找到一本可以徹底改變自己的人際關係，並且能明確告訴自己該如何開始、每個步驟該如何做、最後會有哪些確實成果的「訓練手冊」，而非只是分析對方所有動作義涵的「字典」。

如果你也是個認為要賣東西不如先賣自己，顧客是因為喜歡你、信任你、對你這個人所散發的一切比你所說的一切有興趣，才會跟你買單的聰明業務。

如果你也跟我一樣希望透悉所有異性內心的真實想法，但不願什麼都知道、都分析出來後，對方用他／她的肚臍方向告訴你：「我對你沒興趣！」最後含淚回家喝悶酒。

如果你也覺得「知道不等於做到」，而所謂大師的「經典」都只是不斷教你你還不知道的，卻都不願透露該怎麼跟他一樣行，除非你願意付出昂貴的訓練費，最後你只好再度含淚承認自己窮，期待下一部大師的「經典」。

如果你也發現自己已經懂得太多，能實際使用出來的卻太少，教我知人識人不如馬上教我如何影響人。（因為月底啦！老子明天就需要業績！需要訂單！）

如果你還跟我一樣傻傻地認為對方說話時眼睛往右上方瞟就是代表他在說謊、光看對方動作就能讓你學會讀心術、說謊者的眼睛不敢直視你、身體語言是全球通用的語言，以及當你笑的時候影響力將大幅提昇？

如果你還不知道你之前所認知、所學習的身體語言已經被本書作者珍妮·柴佛（Janine Driver）正式定義為「舊式身體語言」，新的研究與實證已經推翻之前混淆視聽的錯誤理論。

如果你也跟我一樣對肢體語言相關叢書中的「基線行為」、「信息集群」等詞不陌生，卻從來都不知道怎麼應用，只知道它們是影響身體語言觀察與使用的重要關鍵？

如果你也好奇電視上的模特兒、明星、成功企業家如何透過身體語言與表情展現自信，散發魅力與無比的吸引力，而不甘於只能夠再「好奇」下去，也希望自己能散發這樣自信的光芒。

如果你看到這裡，剛剛有做出頻頻點頭的身體動作，嘴脣從本來的緊閉變成微微張開而不自知，那你會跟我一樣迫不及待地將這本書買回家，然後像個求知若渴、想成為跟師父一樣棒的徒弟，捧著苦等多年後師父終於願意給你開出的個人專屬訓練菜單，火速地衝回家，並按照上面師父所給你的功課一一確實執行。最後，七天過後，享受充滿自信和人際關係大幅改善，連自己都想多看自己兩眼的那個嶄新自我。

以上這就是我一點都不想推薦這本書的原因，因為你看了它之後，那我還混什麼？此刻我只能「笑著」說：在你看完這本書並確實完成裡面每日的行動計畫，萬一還沒有辦法有效改善你的人際關係，歐耶老師在下將熱情地歡迎你準備「不會」太高昂的講師費，並跟我聯絡，我會好好指導你的（嘴角微揚，手指作尖塔狀，微微搖頭）。

（本文作者為專業企業教育訓練非語言人際溝通講師，社區大學「透視人心的奧祕：肢體語言觀察與運用」講師，萬華社大社區劇場【新激梗社】劇團編導演）

致台灣讀者的話

珍妮・柴佛 Janine Driver

你想在談判協商中影響客戶或整個董事會的成員嗎？

你想克服溝通障礙，達到有效的人際互動嗎？

你想知道和他人溝通時正確的時機有多重要嗎？

你想要贏得更多尊重並在專業和個人生活上都更上一層樓嗎？

自信對台灣人來說是必要的。領導者和專業人士都想要以能夠贏得他人敬重的方式待人處世，也希望能為自己的公司帶來榮耀。但你是否想過自己的身體語言對成功具有什麼樣的影響？相較於你嘴裡反覆說出的話語，身體語言所展現的力道才是最大的。

想想以下這些情況：

你獲得重要工作的面試機會。那是你夢寐以求的工作。面試時，你是否做出適當的眼神接觸？你握手的方式對不對？力道太強或太弱？是否小心避免手掌朝下的姿勢？

今晚是你和心儀對象的第一次約會。你不敢相信自己竟如此幸運，這個人可能是你的真命天子。你能否在談話間展現出熱忱和真心？還是你表現得太過頭，讓自己的回答聽起來很不誠懇？

在公共場合，你不小心拍了某位女士的手臂，你以為對方是熟識的朋友，結果卻認錯人了。你要如何避免尷尬持續下去？要趕緊道歉走人，還是運用新式身體語言的肚臍法則？當你道歉時將肚臍正對著對方，你的行為展現出尊重，讓你不會再陷入另一場誤會中。

非語言的溝通在現今社會中占有重要地位，成功人士都了解身體語言的重要性。能夠掌握朋友、家人、同事、員工的手勢、笑容、握手、甚至是腳趾正透露出什麼樣的訊息，就是勝負成敗的關鍵。

在本書中，你將學習如何使用新式的身體語言，發展獨門的解碼技巧，更精準地看穿家人、朋友和他人的身體語言。你將知道要做些什麼動作好維持和諧關係，避免誤解。你可以在七秒鐘內評估任何情勢。

步調快速的今日世界已經成為一個大熔爐。台灣的精英們常得面對各式溝通的場合。在西方國家，人們喜歡比較直接的溝通方式。當你在跨文化溝通中使用新式身體語言時，要先尋找對方的基線行為，解讀對方自然的行為模式。在重要的工作場合，例如商業談判，基線行為可以幫助你免於將對方的直接誤解為無禮之舉。也就是說，這樣的「無禮」之舉可能只是對方的基線動作，並非有意。

致台灣讀者的話

溝通的品質決定了成果好壞。為了維持競爭力，你必須了解不同文化的細微差異，以及別人的價值體系。我們都要學習如何在對方的文化規範和期待下行動、思考和往來。不只需要了解和尊重這些規範，為了成功，還必須接受和精通這些規範。

透過本書，我要教你如何以清楚且不具攻擊性的方式傳達你想要表達的訊息，確保你做出正向且有益的舉動。這些技巧經過美國聯邦執法單位和全球百大跨國企業不斷地驗證與修改，從警察到企業高層都能有效運用。

你不必是個大老闆也能從我這套計畫中得到好處。任何想要讓自己更懂得溝通、更具說服力的人，都可以將這些技巧應用在你想得到的社交和商業環境中。它們非常易於實行。最棒的是，持續使用的話，這些技巧會幫助你建立自信，讓你有更好的人際關係。

每個人都想要受尊重、受歡迎、受讚賞。但成功不會憑空出現，成功是辛勤努力、不斷訓練和知識累積而來。新式的身體語言將提供你掌握契機的利器。

取得優勢，現在就開始你的新旅程！

目錄

contents

目錄

第四天

第五天

第六天

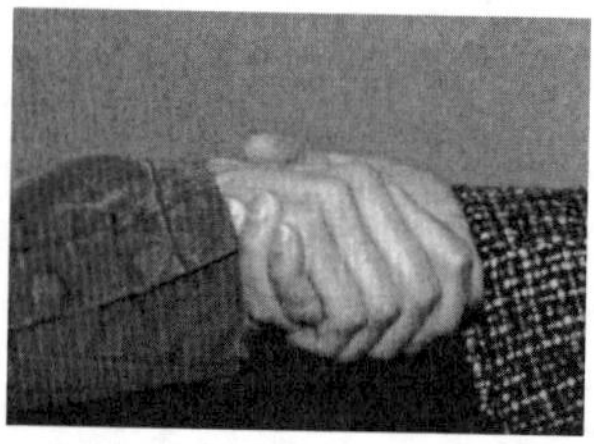

contents

前言

你說的其實比你想的還要多！

你不僅要留意別人說的話，還要留意他們用什麼方式說出這些話；如果你夠機靈的話，也許你藉由眼睛發掘到的訊息，會比耳朵聽到的還要多。人們可以口是心非，卻可能在動作上露了餡；他們的外表通常洩漏了言語打算隱瞞的一切。

——查斯特菲爾德伯爵（Lord Chestfield, 1694-1773），《致兒家書》（*Letters to His Son*）

想像一下：你正在開會、談生意、和情人約會、朋友聚餐或與人衝突時，有面鏡子突然降落到你面前。

你能否察覺出有哪些微妙的身體動作，會阻礙你在這些場合裡的表現？這些非語言的線索也許會洩了你的底，讓你難竟全功。

你的臉部表情是否很難看？

你的手勢是否不恰當？

你是否表現出害怕、自大或比實際年齡蒼老的樣子？
你握手的方式是否讓人不想和你做生意？
你的身體動作是否和你說出來的話不搭調？
你是否有什麼明顯的缺點？

每一天、每一個有意義的時刻我們都在與他人互動。然而，我們並不是都了解別人在想些什麼，同樣的別人也不會知道我們內心的想法。如果我們沒有發展出好的社交理解能力，可能會不斷重蹈覆轍：在競爭中落敗、工作面試被刷掉、約會失利，甚或對他人的信任遭到踐踏。倘若能夠磨練自己的社交敏銳度，學習識人和更有效的溝通方式，這些技巧對生活的各個層面都會有所幫助。我們將享受更具挑戰性的工作機會、更真誠的友誼、更有希望的約會，乃至經常能在職場上大有斬獲。

瞧瞧那些你見過的成功人士。我敢打賭他們多數人至少有兩個共同的特質。第一，他們擁有一種沉著的自信。他們對自己的一切感到自在。第二，他們在與他人建立關係這件事上，有著超乎一般人的能力。他們知道如何使他人覺得安心，迅速建立起彼此的信賴感。這兩種特質都是源自強大的身體語言。

揭開身體語言的奧祕，了解人們如何無須透過言語就能夠傳達思想和情感，是悠遊各式社交場合的第一步。所有成功者都知道，能夠偵測並回應人們身體每天閃過數百次的瞬間信號，是達成目標的重要法門。當他們正在進行的某件事無法奏效時，他們知道要如何調整自己的行為表現以充分利用身體語言的力量。

有些人天生就擅長身體語言。例如某些政治人物或演員，光是露個臉就可以吸引群眾的目光和喜愛。其他人則努力仿效這些幸運的少數。他們研究並模仿這些人的「招式」，要不就鑽研身體語言的教科書，記下每個動作所代表的意義好應用到實際情況中。

可惜的是，這種方法有其風險。真確且有效的身體語言不只是單一動作的個別解讀。當人們用查字典式的方法去死記硬背時，容易見樹不見林，無法察覺社交情境的多樣面貌。如此一來，他們看見有人交叉雙臂時，就只會想：「這表示冷淡、生氣。」看到微笑就心想：「這表示高興。」也許還會用力握手好向他人展現「誰才是老大」。

很容易，對嗎？

事實上，我認為這樣反而把身體語言變難了！

想要靠閱讀身體語言大全來運用身體語言，好比光讀法文辭典就想說好法語一樣，最後可能落得一場糊塗。你的動作會像個機器人一樣；你的身體語言訊號與對方搭不上線。最後反而是把自己想要吸引的人搞得一頭霧水，因為你的身體語言根本是裝出來的。顧客不斷質疑你、老闆認為你不尊重她、約會對象以為你討厭他，甚至你那愛說謊的兒子根本就把你給看扁了。

這就是為何我們必須跳脫從片段又造作的角度去看待身體語言，改採以「**你**」為本的方法——以你的生活、你的經驗與你的習慣為基礎。這是一種能幫助你由外而內建立自信，並不斷拓展潛能的方法。最重要的，這是一種你在實際生活中能夠理解、能適用於各種情境、自然又簡單的方法；因為它本來就是如此。

我已經指導超過五萬人採用這套方法，從硬漢警察到企業執行長到嬌嬌女千金都有，我幫助他們改造身體語言，而我也因此相信一件事：每個人**都**有運用身體語言的天賦。人人都是天生好手，我們需要的只是學習如何去善加利用。一旦發揮出潛能，結果可能會大大改變我們的一生。

- 員工學會在會議中表現自己，贏得上級的賞識。
- 社交焦慮症患者學會認識新朋友，有效經營情感並建立穩固的關係。
- 中年未婚人士學會重拾自信並展開新的約會。
- 女性朋友學會在離婚官司中解讀法官的動作訊號。
- 「頭家們」知道要如何在生意失敗時保持冷靜，尋找機會東山再起。
- 家庭主婦、主夫學會如何在談話交涉中占上風，再也不受推銷員或親友的擺布。

- 人人都學會在自己的做法不管用時知道要怎麼應變才好。

看見自己合作的對象有這些美好的轉變，給了我動力寫下這本書，與你分享這個計畫。無論你的社交問題有多嚴重，或是你有多害羞，或者有多麼口拙，我要幫助你開啟你早已擁有的身體語言天分。

這套計畫十五年來與時俱進，通過謹慎的研究、上百場研討會與訓練課程，以及與無數騙子交手的經驗，不斷從中改良。我把我學到能夠施展身體語言魅力的一切招式及技巧，整合成一個完整的計畫。你無須費力搜尋各種研究或翻遍所有的教科書，這些我都已經幫你做好了。你可以專心於創造你想要的成果。有效運用身體語言非關閉門研究或死記硬背，而是要去體驗生活。

想想我們是怎麼學騎腳踏車、跳舞或接吻的。我們運用一切經驗，包括感官、直覺和一些有用的「指引」，還要經過許多的實地演練。（接吻尤其如此！）一旦學會了這項技巧，我們就擁有了它；往後碰到類似狀況，我們能夠不經思考就自動反應，因為**我們已經知道要怎麼做了**。

這套新式的「身體語言七日計畫」，能夠幫助你開發自己的經驗、感官與直覺，鍛鍊你與生俱來的身體語言力。你不會再不自覺地以負面的肢體表現扯自己的後腿，或只能可悲地在生活中扮演無關緊要的跑龍套角色。你要相信自己的天賦，它會告訴你某個人是否正在說謊、是否愛上了你，或者他根本是個窩囊廢。你會學到如何讓自己的表情更趨完美，表現得更有魅力、更有愛心，或更帶狠勁。無論**你的**出發點是什麼，無論**你的**目標在哪裡，這套新式的身體語言計畫將從你的習慣行為開始，由根本改造起。最終來說，這個計畫的目的是為了增加你的自信，讓你：

- 對於識人更有自信（精準度）；
- 對於身體語言的運用更有自信（應用）；
- 對於向外界展現自我更有自信（態度）。

但你為什麼要聽我的話呢？因為這套方法不僅挽救了我的名聲，還救了我一命！

自信就是我的武器

我以前並非整天都在教人如何使生意蒸蒸日上、如何在求職面試中出奇制勝、如何在約會市場先馳得點。我作為身體語言專家的生涯，始於擔任美國菸酒槍炮及爆裂物管理局

（Bureau of Alcohol, Tobacco and Firearms and Explosives，簡稱ATF）的執法人員。

我真希望我能說那份工作是我童年的夢想，但事實並非如此。彷彿命中注定一般，大學的職涯輔導老師將我推薦給他任職於這個單位的一位老朋友，而當時我壓根兒沒聽過什麼槍炮爆裂物部門。過了幾個月，當我告訴老爸我在一個叫做菸酒槍炮及爆裂物管理局的單位工作時，他竟然說：「我很高興你能化興趣為事業。」（我老爸向來愛說笑。）

我在ATF的頭幾年，擔任第一線的執法人員，我總是有辦法識破那些把槍枝賣給罪犯或青少年的小混混或幫派份子的非語言線索，而且我知道如何調整自己的策略和身體語言與他們迅速打好關係。我以能夠看穿一個人是否正在說謊而聞名。雖然每天都在第一線激戰，但我時時把運用身體語言與展現自信謹記在心。

你也許會說：「廢話，你佩著警徽，腰間掛著九釐米手槍，還有權力能把人扔進監獄，當然會有自信啊。」

我是犯罪調查員，不是聯邦探員。我沒有槍，也沒有權力把人關進監獄。除了徽章，我沒有任何工具。我二十一歲時，就要奉命去搜查大型爆裂物製造工廠與進口商，還有骯髒昏暗的當舖，並突襲過五百多個槍販的住處，他們有些人賣的可是機關槍呢！我多半獨自在前不著村、後不著店的偏僻地方，對著一群攜帶槍械的惡棍，執行著頗具爭議性的槍枝管制法令，當時甚至還沒有衛星導航和手機。而既然我代表著政府，想當然不會受到罪犯歡迎！

我唯一的武器，也是全時間隨身攜帶的武器，就是自信。我的自信來自於我能快速打量一個人，並在七秒內獲取大量資訊，遠在對方起疑之前。我的自信來自於我能運用這些資訊立即調整策略。我所擁有的這項洞悉身體語言的祕密武器，是多數嫌犯所沒有的。

二十四歲時，我的閱人專長讓我成為局裡最年輕的講師之一。往後十五年，我在喬治亞州格林口的聯邦執法訓練中心（Federal Law Enforcement Center）教授新進的聯邦調查員與探員有關面談技巧與測謊課程。三十一歲時，由於布希總統提倡的「鄰里安全計畫」（Project Safe Neighborhoods）*，我到全美各地教授身體語言的課程，服務對象超過三萬名執法人員與檢察官。我很榮幸能在非語言溝通的領域上與世界知名的專家共事，包括我的導師ＪＪ（J. J. Newberry），他是ＡＴＦ退休探員，也是面談分析學院（Institute of Analytic Interviewing）的執行長，人稱「人力測謊機」；還有研究微表情（microexpression）與七種共通情緒的得獎學者保羅．艾克曼（Paul Ekman）；以及行為觀察的重要權威馬克．法蘭克博士（Dr. Mark Frank）。

幾十年下來，在聯邦執法部門與測謊訓練的職業生涯中，我學會如何運用身體語言來預防悲劇的發生，並將惡人繩之以法。我也明白人人都會犯錯。有時是出大差錯，通常是無心之過，但這些錯誤總會讓人不禁搖頭納悶：「到底哪裡出了錯？」

防彈衣和頭盔

在我任職於ATF的歲月裡，我發現自己解讀並回應身體訊號的機會，就跟我處理爆裂物的次數一樣，多到嚇人。如果運用正確，身體語言和爆裂物都能發揮超凡效用。但必須小心，因為你永遠不知道它們何時會在你面前炸開來。

問問自己：你是否曾在某些時刻太過投入，以致並未全盤考慮自己的行為可能遭致的後果？也許判斷錯誤讓你損失了一筆生意、危急個人安全、失去婚姻伴侶、失去孩子的愛、無法得到同事敬重，甚至喪失了自我尊嚴。

人與人的溝通中，超過五成不是透過言語的方式。如果你不留心身體語言的力量，你就得承擔不必要的風險。

如果你不知道**你說的其實比你想的還要多**，你很有可能在最無法意料之際，搞砸了自己的生活、工作與人際關係，徒增失敗與挫折的傷痕。聽起來太過極端？倘若你收到一盒會爆炸的化學物品，包裝上寫著你有一半的機率會受傷，難道你不會想盡辦法避開危險？

＊「鄰里安全計畫」是一項以減少槍械暴力為目標的美國全國性政策，由布希總統於二〇〇一年支持並提倡。

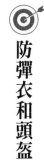

或者，假如有一半的機率會中獎，難道你不會想去買樂透？整天忙碌來去卻不知道自己的身體動作是如何影響他人的觀感，難道你不覺得這樣不對嗎？

我說這些不是要嚇唬你，只是想幫助你明白其中的利害關係。這就是為何我對本計畫深具信心。我相信這些技巧有助於你的生活，因為我自己曾在生死關頭使用過它們。我知道如何對付這世上最高明的騙子。假如我能運用這套技巧說服罪犯投降、坦白、認罪、甚至是留我一命的話，你當然也可以在和老闆、客戶、兄弟或叛逆的孩子對話時，運用這些技巧來保護自己。

請把新式的身體語言當作是你的防彈衣和頭盔。就像我能夠解讀嫌犯的臉部表情和身體動作所透露的訊號一樣，你也將學會**精準**解讀身體語言的線索，以保障自己的安全。接著，你還會學到如何**應用**身體語言的訊號來得到你想要的結果。最棒的是，結合以上兩者，能夠幫助你建立贏家的**態度**，自信地掌握情勢，影響全局。你將握有主控權，依自己的需要與希望去調整人際互動。你將取得所有成功人士必備的祕密武器：自信。

從打擊壞人到幫助好人

二○○三年的秋天，當我還在ATF任職時，我創立了「馴謊者教育課程」（Lyin'

Tamer Education，請參考 www.lyintamer.com），這是一種結合最新的人類潛能研究與身體語言的創新方式，目的是幫助個人或企業發展他們的領袖魅力，最終則是提高生產力與獲利能力。我在維吉尼亞州的亞歷山卓市開辦了身體語言研究中心（Body Language Institute），提供身體語言與測謊的課程與證照取得，協助有志者成為合格的訓練師。

從我創立第一個事業以來，我就把這些技巧與政府專門機構分享，諸如聯邦調查局、中央情報局、國防情報局，還有《財富》雜誌百大企業，如美國線上（AOL）、可口可樂公司（Coca-Cola）、《柯夢波丹》雜誌（*Cosmopolitan*）、洛克希德馬丁航太公司（Lockheed Martin）與埃森哲公司（Accenture），以及擁有百萬觀眾的電視節目《瑞秋・蕾秀》（*The Rachael Ray Show*）、美國國家廣播公司的《今日》（*Today*）與美國有線電視網的《賴利・金現場》（*Larry King Live*）。我看見自己在ATF學到的有力技巧如何幫助平凡男女，也幫助了身處不同生活環境卻因信心不足不斷重蹈覆轍的人們。

仔細想想……

如果你能看穿應徵者履歷表背後的真相，或明白員工的強項與弱點，而不是等到花了幾萬元的訓練費，最後卻眼睜睜看著他們跳槽到競爭對手那裡效力。如果你能預先知道這些，可以替公司省下多少錢？

如果你能探出汽車業務員還有多少讓步空間，你會省下多少時間？

如果當你問孩子「你是不是在嗑藥」時，能識破孩子說的是不是實話，你可以免去多少淚水，讓自己多活幾年？

這就是本計畫能為你做到的：幫助你精準判讀情勢，學會如何完善地運用身體語言，展現主掌大局的風範。

我對你的承諾

本書將教導你如何運用身體語言得到自己想要的結果。你將能夠強化人際關係、成為更有力的領導者、更能沉著應對、成就你的雄心壯志。你將整裝待發，做個有效的溝通者、問題解決者，以及精明的談判者。當你充滿自信與熱忱，就能節省時間、金錢與資源，在充滿挑戰的環境中掌握一切優勢。

一開始，我們要踢爆七種會阻礙你前進的舊式身體語言迷思。從中我們會看到新式身體語言的靈活性、多用性與適應性，以及這項七日計畫如何幫助你發展與生俱來的社交能力；這套計畫的整體效用將超乎你的想像。接著，從第一天開始，我們會依次展開一星期的課表，在每天的課程中分享一些故事、練習與技巧，以開發你的天賦，幫助你提高解讀身體語言訊號的精準度，並加以實際運用，使其臻於完美。

身體語言威力團隊的組成

二〇〇七年的春天，《瑞秋．蕾秀》節目與我連繫，要我在節目中擔任身體語言專家。我的任務是：幫助兩位在生活中受挫且畏縮的女性，來個十二小時的身體語言大改造。

一個月過去後，先前情路坎坷的妮可，找到了一段前景看好的戀情。而曾因事業停滯不前而沮喪的茱莉安，則剛得到她夢想中的工作，擔任知名品牌服飾的設計師。

妮可與茱莉安的成功不僅激勵我寫下這本書，更激勵我建立身體語言威力團隊（BLPT）。在本書中，你會看到威力團隊的成員現身說法，他們是成就本計畫的功臣。在每一章，你都會見到一個本來飽受某種身體語言缺陷所苦的人，在採用這些練習後，生活有了大幅改善。

若你想觀看短片、認識所有身體語言威力團隊的原始成員、瀏覽他們的部落格，或分享你的成功經驗，請上 www.yousaymorethanyouthink.com。

每一天你會學到一些符合該日主題的「七秒戰術」，還有讓你可以馬上實行、幫助你增進人際關係的祕訣。在一星期的尾聲，我們會採用一個容易記住的方式，整合所有這些資訊，如此一來，每當你面對需要解讀身體語言的情境時，就能自動地使出這些技巧。

在閱讀這項計畫時，你會看到一些鼓舞人心的親身見證，這些經驗來自於我教授過的學生，他們都是身體語言威力團隊（Body Language Power Team）的一員，他們曾飽受身體語言之苦，身陷困境多年。而在遵照本書的計畫，確實實施了一星期之後，他們得以開創事業、找到新戀曲、拓展社交圈、發掘內在潛能，也就是說，他們讓夢想成真了！

總而言之，如果我可以運用這些技巧來智取槍火走私犯和白領罪犯，你當然也能採用它們來管教家中青少年、享受熱情約會，或贏得你追求以久的升遷機會。只要一個星期，你就能發展天賦精準識人、將身體語言運用得恰到好處，還能帶著自信的態度面對生活。無論是第一次還是第一百次的約會，無論是面對死纏爛打的推銷員還是以退為進的「友敵」，學習新式的身體語言都能幫助你從人際關係中獲取所需。

準備好了嗎？讓我們啟程吧！

新式的身體語言

其他專家不會教你的事

我們還有很大的進步空間。就像學習跳舞、接吻或騎腳踏車一樣，你也可以學習控制身體語言的許多層面。這不會讓你變成自戀的偽君子。事實上，當你能夠更加完美地掌握自己時，你也可以幫助他人感覺更好。

如果語言的目的是要隱瞞意念，那麼身體動作的目的就是要揭露它們。

——約翰．納皮爾（John Napier, 1550-1617），《手》（*Hands*）

某天下午，加州里奇蒙區一處漢堡攤發生槍擊命案，警方趕抵現場後，發現一名年輕女子蜷縮在一輛車子底下。這名飽受驚嚇的女子是死者的堂姊。她告訴調查員，她到攤位上跟堂弟打招呼，然後在附近走動尋找廁所，沒多久她就聽到一聲巨響，於是馬上躲到車子底下避難。調查員問她：「你看見凶手了嗎？」

「沒有，」她回答說，「很抱歉，我沒看到誰殺了我堂弟。」

調查員懷疑這起事件的背後另有隱情，因此請來了真相大法師ＪＪ。（我沒蓋你，這真的是他的頭銜。所謂真相大法師，就是經科學證實，至少有八成機率能精確偵測出謊言。ＪＪ可是當今世上人力測謊的首席，準確率超過九成！）

證人作證的風險很高。眾所周知，綽號獨眼馬文的嫌犯，常常持槍殺人或扔擲土製炸彈恐嚇此區居民，還會攻擊擋他財路的其他毒販和他們的子女、無辜路人，以及不幸目擊他犯罪的任何人。

ＪＪ從容地走進偵訊室。他給了這位可能的女性證人一個有力的握手，然後自在地在她對面坐了下來。他開始閒話家常，讓對方放鬆戒心。他保持輕鬆的姿勢，同時也提出了許多問題；他以耳傾聽，最重要的是，以眼觀察。

在建立信任之後，JJ請這位女子解釋事發當時的狀況。她重複了自己先前對調查員說過的話。

「我到漢堡攤去跟我堂弟打招呼，接著走到附近的大樓去上廁所。然後我聽到一聲巨響，馬上就鑽到一輛車子底下避難。警察就是在那裡找到我的，你問他們就知道了。」

JJ沒有打斷她的話，讓她講述事件的經過。當她說完以後，JJ用友善卻好奇的語氣問道：「我去看過現場，但那附近並沒有廁所。」

「對，我只是想要找個角落蹲下來解決一下，」她回答，「大家不都這麼做的。」

JJ當然知道人們常在那附近就地大小便，他只是想測試看看對方會不會說實話。他正在分析她的「基線行為」(baseline behavior)：她說話的語調、節奏、手勢、站姿與坐姿。每當她一偏離慣常的行為，他就提出特定的開放性問題，從她的反應中尋找真相。最後，JJ問了她一個很奇怪的問題：「當時你有感受到一種危險即將發生的恐懼嗎？」

「什麼？」對方一臉不解。

JJ又重複一遍：「當你看見你堂弟站在攤位前，你是否感受到一種危險即將發生的恐懼？」

她肯定地回答說：「沒有，完全沒有。」

ＪＪ從座位上站起來。「好，我要知道的就是這些了。」就在他走出偵訊室時，突然一拳搥在那位女子後面的桌上。她馬上轉頭朝向聲音的來源處，想要看看到底發生了什麼事情。

就像知名影集《神探可倫坡》（*Columbo*）裡的神探一樣，ＪＪ看著她說：「你看到自己剛才的反應嗎？你把頭轉向聲響來源，確認自己是否有任何危險。每個人聽到突如其來的爆破聲時，都會本能地尋找聲響來自何處，好知道自己是否有危險，然後才能決定要往哪裡逃。」

他直視著她的雙眼：「就像你回頭看我一樣，在你堂弟被射殺時，你一定也會看向槍響的地方，而且你看見了兇手，對嗎？」

那位年輕女子突然大哭了起來。「對，我看到兇手，」她啜泣地說，「獨眼馬文手裡拿著一把槍……他殺了我堂弟。」

ＪＪ馬上向前擁抱他的新證人，並對她說：「沒關係。我知道你很害怕，但別擔心，我們會保護你。你只要告訴我們真相就好。」

在這段訊問過程中，以及在其他每一次的訊問裡，ＪＪ的頭號祕密武器，就是自信。他已經把身體語言的技巧發揮到了極致，知道要如何取得他人的信賴。當你能夠在彼此間建立起信賴感，對方就會卸下心防。如此一來，你就可以看出他們真正的想法與真實的反應，也可以據此調整自己的身體語言，以迎合他們在不自覺中所透露出來的喜好。對方會在不知不覺中開始信任你。

ＪＪ利用這個方法讓證人說出實話。同樣地，你也可以採用這些步驟，了解故事的真相、掌握局勢、影響他人。就先從運用本能開始，並採用本書提供的練習來強化這些能力。你將能夠發展出一套完整的技巧去回應任何問題，無論情勢如何，你都能巧妙地攻占上風。

我們不會要你做的，是去死背一連串的姿勢與手勢。我們要提出的新式身體語言計畫，遠比這些豐富。

舊式身體語言的七個迷思

假設ＪＪ在走進偵訊室時，像個面臨年終業績壓力、急著想要敲定下一筆交易的汽車業務員，結果又會如何？也許他臉上掛著假笑，表現得太過躁進，握手也太用力，眼神接觸太密集，劈里啪啦說了一堆，甚至擺出指塔的手勢（這是「權威人士」常會做出的手勢）。

讓我來告訴你會發生什麼事：他會看起來過於急迫且不夠誠懇，還可能會毀了自己的可信度。

儘管在舊式的身體語言中，這些動作都代表著權威與影響力，但它們無法幫助ＪＪ應付眼前的情況。ＪＪ知道自己必須藉由放鬆臉部表情、一些身體動作、減少手勢、較為緩慢低沉的說話方式，好表現出同理心與自信，才能得到更好的結果。然而，無論是求職應徵、業務談判、還是第一次約會，無論是在洛杉磯還是紐約，多數想要成功的人每天都在犯這種錯誤。他們翻閱身體語言的指導手冊，搭配出自己的「成功」訊號——這裡要怎麼站，那裡要加入一些有力的姿勢，再來點肢體碰觸，加上目光接觸。可是他們有所不知，一次表現出太多權力姿勢，甚至在錯誤的時機使用錯誤的動作，可是會損害到成功的機會。

這種事情是否曾發生在你身上？你是否以為自己已經理解了身體語言，但不知為何，你總會因為下意識地對他人發出錯誤的身體語言訊號，或誤判別人的身體信號，而壞了自己的事？

倘若是這樣，你並不孤單。這也是我寫作這本書的主要原因：幫助人們學會如何融會貫通地解讀並運用身體語言的訊號，讓所有身體語言的訊號都能流暢地運作，不必求助於機械化的舊式身體語言。「遇到情境A就要使用B身體語言」的方法根本沒有效果，這種迷思頗能譁眾取寵，但不幸的是，徒勞無益。而這還只是舊式身體語言的迷思之一。

以下要提出舊式身體語言的七大迷思：

☑迷思一：解讀身體語言的訊號可以讓你讀懂他人的心。

如果你最近有看電視，或在過去幾年間曾翻閱名流雜誌，你肯定被許多瞬間看穿身體語言的說法或文章轟炸過，教你如何分析政治人物、明星、甚至是小朋友的身體信號。聽著這些分析，你可能會被說服相信，我們做出的每個動作背後都存在著某種意義，因此只要學會解讀身體語言，你也可以成為讀心大師。

真是一派胡言！我的原則是，任何時候，當我要分析相片中人物的身體語言時，至少必須看過這個人的二十張照片。唯有如此，我才能知道他們的行為是異於平常且代表些什麼，或者單純只是他們的習慣動作。我從不會說：「這種身體語言的訊號表示……」我會說：「這可能可以**解讀**成……」因為所有的身體語言「原則」都會有例外。

舉例來說，一九六三年的八月二十八日，金恩博士（Dr.Martin Luther King）在爭取黑人權利的大遊行時，於華盛頓特區林肯紀念堂的階梯上發表了一篇「我有一個夢想」（I have a dream）的演說。假如你是那天參加遊行的二十五萬群眾之一，而你只注意到金恩博士特定的身體語言，那麼你可能會心想：不，他才沒有夢想！因為金恩博士在演說時，從頭到尾不斷搖著頭，不是嗎？

現在，你知道問題出在哪裡了嗎？

沒錯，科學界成千上萬的研究，證明非語言的溝通比話語更有力。然而，我們的肢體動作所蘊含的確切意義，仍未獲得證實。這也是舊式身體語言最大的錯誤所在。事實上，身體語言本身並不具備我們所期望的意義；身體語言的意義，是由察覺這些訊號並對它們做出回應的人所加以定義的。

好比說，如果你和老闆正在開會，而他突然皺起了鼻子，你可能會將這個行為解讀為厭惡的表情，並心想：「我就知道！他不喜歡我剛說的話。」但實際上，老闆可能只是在想，如果今天又加班，他家那隻狗兒恐怕又要把家裡搞得一團亂了。如果你依照舊式身體語言的模式來操作，你可能會陷入恐慌，把皺鼻的訊號解讀為你快要被解僱的線索，心想：「噢，天啊，這樣我就沒有勞保了……甚至會無家可歸！」

冷靜，隊長。你不會讀心術，你也不可能會，至少不是單看一種身體語言的訊號就會。你還必須有更多的資料輔助。

☑ 迷思二：你可以用身體語言的訊號來掩飾真實的感受。

這是一號迷思的另一面。簡單一句話，不行，你做不到。無論你是在解讀還是在發送訊號，沒有任何身體語言可以表達整個經過或整段故事。

假設說，雖然你很害怕開口約女生，但你還是咬緊牙關去做了，畢竟對方是個千載難逢的正妹。為了要讓她相信你是個自信的堂堂男子漢，你開門見山把話說完，再對她快速眨個眼。就這樣，結束！你還暗自希望她沒有注意到你緊握且汗濕的拳頭。但這樣有效嗎？

我想效果不會太好。你所傳達的訊息是來自於整體的表現，而不只是一個計畫好的動作。如果你的眨眼是在說：「嗨，寶貝！」但你其他的身體部位卻叫著：「媽啊，你嚇死我了！」你反而會把美女搞糊塗。儘管她可能認為你的害羞其實滿可愛的，但你表現出來的衝突訊號還是會破壞好感與信任。

☑ 迷思三：做出象徵權力的姿勢會讓他人更敬重你。

演說教練常會建議人們使用指塔的姿勢（左右手的指尖對指尖，有點像雙手合十禱告）來表達出權威感。對那些想要贏得更多尊重的人來說，這種舊式身體語言的建議，看來似乎就是他們苦尋的應急之道。

但這又是另一個謊言！事實上，在第一次約會中，這樣的姿勢可能會破壞羅曼蒂克的氣氛。而如果某個人正對著你傾吐心意，這樣的動作會讓他們整個冷掉，破壞和諧關係，對方可能還會認為你是個自私的討厭鬼。

這種指尖對指尖的指塔姿勢，並不是唯一充滿風險的權力姿勢。還記得嗎？兩千年美國總統選舉時的競選辯論，高爾（Al Gore）在小布希（George W. Bush）還在講話時，就走向小布希的位置？高爾可能以為，這個動作能夠顯示他的自信與力量，結果反而讓他看起來像個惡霸。

總歸一句話：沒有任何姿勢是一體適用的。在某些情境下會奏效的身體動作，在其他情況中可能具有破壞性。因此，除非你是房地產大亨川普，每個人都在期盼你的支配與命令，否則就要謹慎使用權力姿勢。在錯誤時機使用它們，不僅無法幫助你達到目的，還會讓人留下傲慢自大的印象。

☑迷思四：身體語言所傳達出來的訊息是全世界通用的。

大錯特錯！固然非語言溝通先鋒保羅．艾克曼證實，對於普世的七種情緒，包括憤怒、輕蔑、厭惡、恐懼、快樂、悲傷與驚訝，所有人類都有相似的臉部動作。但除此之外，幾乎所有的身體語言，從頭部動作（有些文化會以點頭稱是，但有些文化，如保加利亞，則以搖頭稱是）到腳部動作（有些文化認為腳是性感的象徵，有些文化則認為腳是最令人感到不快的部位），其所代表的意義都取決於養育你的人、你的生長環境及成長經歷。誤判情勢的危險潛伏四周，因此在你出發時，千萬要把舊式身體語言的那一套留在家裡。

☑ 迷思五：說謊的人不敢與人正眼相看。

哈，這也是舊式身體語言的迷思之一。如果這是真的，我們就不需要各種訓練、測謊器或其他精心設計的測驗，也不會需要ＪＪ與他的專業。不是這樣的，遺憾的是，騙子通常最擅長眼神的接觸。如果必要的話，他們還會再多望著你一會兒，然後說：「我發誓我說的是實話。我正看著你的雙眼，不是嗎？」

與其一直觀察對方是否目光飄忽或眼神閃躲，倒不如去尋找看看他們是否有異常的舉動。如果某個人平常在和你說話時，超過半數以上的時間都會看著你，現在卻變成只有三分之一的時間看著你，沒錯，他有可能在說謊。或者，如果他看著你的時間突然增加到九成，是的，你也可以把此人列入騙子之流。不要錯誤地只顧著尋找閃避的眼神，否則你會把一位真誠但害羞的人誤以為是個不要臉的騙子。

☑ 迷思六：當一個人在隱瞞真相或捏造故事時，他的眼睛會往右上方看。

這是那些假科學之名的舊式身體語言迷思之一，起源於神經語言程式學（neurolinguistic programming）。這樣的論述已經被證實是錯誤的，但這個迷思仍一再流傳，像辦公室謠言一樣不斷擴散。雖然多數人在思考要怎麼回答問題時，確實會朝右上方看，但我們無法判別這個回答是虛構出來的，或者只是經過思考的。舉例而言，如果我問你：「你生日收過最棒的禮物是什麼？」你的雙眼可能會在無意間往右上方看，因為你突然想到自己明年就要四十歲了。你並沒有說出自己對年屆四十的恐懼，但當你回答這個問題時，你的眼部動作卻誤觸了顯示你在說謊或是捏造答案的訊號。

☑ 迷思七：微笑待人，人們會因此更敬愛你。

這種舊式的身體語言迷思聽起來像是一般常識，對嗎？就好比那句老話：「想要別人怎麼待你，你就要怎麼待人。」或「你一笑，全世界都跟著笑了。」但研究顯示，與偶爾才微笑的人相比，較常微笑的人事實上在別人眼中地位較低，也較無影響力。換句話說，夥計才笑，老闆不笑。

另一方面，最新的神經科學研究顯示，人類的大腦已被設定好，每當看到他人真心展露笑臉時，我們會受到對方的歡喜與快樂所「感染」。因此，新式身體語言要結合這兩者：當別人引介你，在你伸出手與新朋友握手並稱呼對方時，再展露出燦爛笑容。深諳身體語言之道的好手們明白這個竅門：就好像你和你的名字為他們帶來笑容。很賊吧！但是非常有效。

新式的身體語言：精準＋應用＝態度

為何有人會想去挑選一本講身體語言的書？你為什麼會想閱讀這類書籍？依我的經驗，人們通常基於以下兩種原因而對身體語言產生興趣：

一、你認為自己比一般人更害羞或更不善於社交，而且你覺得自己與他人互動的方式可能會阻礙前途發展，因此你正在尋求一些建議，好讓自己在與不熟的人共處時，可以表現得更從容自在。

二、你認為自己擅長社交和影響別人，但你想更上一層樓，好讓自己有更大的勝算。你想要學習更多身體語言的「招式」和知道更多的內幕技巧，如此一來，便能在人際互動中隨心所欲。

你可能會把上述兩種原因，看作是光譜的兩個極端。但事實上這兩種人在尋找的，不過都是更多的**自信**。這就是新式身體語言的真諦——當你知道如何更正確地解讀他人的身體語言（精準），並不自覺地做出能讓他人留下最佳印象的行為表現時（應用），就能創造出真正的自信。當你擁有新式身體語言的自信時，你就能不費吹灰之力地「正確」解讀身體語言的訊號並做出行動，不必再苦思要如何表達與反應。

根據我的經驗，性別會對身體語言的運用造成差異。許多女性非常懂得**判讀**身體語言，但她們卻無法展現出自信的身體語言。而許多男性能夠**展現**極度的自信，卻不知道要如何解讀他人的身體語言。新式身體語言計畫就是要整合這兩者，唯有如此你才能獲得真正的自信，這是一種全新的態度，能幫助你善用本計畫，揮灑人生。

在本章的最後，有個「身體語言信心指數」（Body Language Confidence Quotient）的測驗，你可以測測看自己屬於哪個自信等級，並且明白自己最擅長的強項，以及挑戰在哪裡。也許你是個識人高手，但在身體動作上卻表現得很失敗。也許你以從容應對為傲，卻不知如何解讀他人的身體語言訊號。無論你的問題是什麼，我們都會幫你解決。無論你現在的處境為何，在七日課程結束後，你都會擁有自信的態度，勝任所有情況。

首先，讓我們好好檢視一下這個三階法的一些重要面向。

第一階段：精準識人

由必要性來看，新式身體語言的第一步，就是精準度：你必須學習判讀情勢與目標，專心且不帶任何偏見，然後以適當的身體語言來回應。誤判情勢，就會搞砸回應。而如果搞砸了回應，你就得加倍去補救已經失去的印象分數。

無論從JJ的經驗、我的訓練，還是關於非語言行為的各種新研究，你應該都已經領悟到，想要精準識人實在很難！因此，我們要來討論一些有助於說明為什麼精準識人如此難解的重要概念，以及為什麼它值得你花心思去學習。

➤信賴視覺信息接受系統

視覺信息接受系統（visual information channel）就是所有你用眼睛接收而來的資訊。我偶爾會在企業的身體語言課程中，進行一些學生覺得非常好玩的練習，以顯示視覺信息接受系統有多麼重要。我讓班上半數的同學觀看完美示範身體語言的卡通《湯姆貓與傑利鼠》（*Tom & Jerry*），在此同時，我讓另一半的同學先離開教室。當卡通結束時，在走廊等候的那些同學要回到教室並訪問看過卡通影片的那些人。遊戲怎麼進行呢？看過卡通的人必須描述卡通的內容在演些什麼，但不能使用手勢或手臂動作，他們的手要擺在大腿上，端正坐好。

這項練習很有挑戰性，有些人會緊張到扭動身體，雙手在桌子底下不停晃動。而有些人如果不使用手勢的話，根本連故事都說不出來。

這個練習的重點是要證明，人們在說話時若**不**用手勢會有多麼不自在與困難，以及視覺信息接受系統在溝通中占有多大地位。我們在講話時，多半會使用手勢，特別是在表達單靠言語難以形容的資訊。只要試試看，如何不用手勢單用話語告訴司機前往醫院的路、解釋如何攀爬梯子、形容一顆足球，你就會發現，這麼做就算不是不可能的，也是非常困難且有違自然。

手勢與說話的連結錯綜複雜，甚至會影響我們學習說話與處理資訊的方式。芝加哥大學的一項研究發現，在解答數學問題時會使用手勢的孩童，表現得比不用手勢的孩童更好，也懂得運用更多不同的解題方法。

手勢也能夠幫助聽者。研究人員發現，十四個月大寶寶的父母若較常使用手勢（好比說，當他們講到「提米，你看到這本書了嗎？」的時候，同時將手指向書本），他們的孩子不僅也會運用更多手勢，甚至當孩子到了四歲半大的時候，用字遣詞的能力也會變得更好。

關鍵在於，一個人的手勢必須與他的言語相對應，否則聽者的大腦可能會暫時短路。神經科學家史賓塞．凱利（Spencer Kelly）曾進行一項研究：在一個人看到手勢與話語不相符的組合時，測量此人的腦部反應。史賓塞博士發現，當我們聽到有人說出與其手勢不相符的話語時，例如手指指向右邊嘴裡卻說「你必須往左邊走」，大腦就會經歷類似打嗝的短暫停頓。研究顯示，實驗對象的腦波會因此產生改變，而且活動會跟著變慢，表示大腦嘗試處理手勢與話語對應的意義；而當手勢與話語對應不起來時，大腦的理解就會受到阻礙。

想想看，當你看到手勢與話語對應不起來時，你會有什麼感覺？你可能會有「啊！」的感覺，也就是你無法確定對方話語的意義。此時，基於禮貌，你可能會強迫自己更專心去聽對方在說些什麼，你會告訴自己：「也許我剛剛聽錯了！」

但事實並非如此！你絕對沒有聽錯什麼。事實上，腦部的短暫失常是種天賦；這是一種感應身體語言的直覺，讓你能察覺到不對勁，知道這個人可能有問題。

這一招是用來辨識腦部暫停的現象，並且要你相信直覺。你已經踏出了精準判讀情勢的重要一步：使用視覺信息接受系統，辨別對方身體語言的**不一致**。

新式身體語言計畫有助你接收這項本能，讓你在感到不對勁時察覺到真相，而不是像原來那個彬彬有禮的你，拒絕承認異常之處。

視若無睹

你是否曾全神貫注於一個目標，導致沒看到近在眼前的事物呢？你是否曾聽見同事對你說：「喂，我昨天在電影院跟你揮手打招呼，當時你離我只有幾步的距離，但你連看都不看我！」或者，你的另一半是否曾對你說：「你有看到我的鞋子嗎？」而他才剛在玄關那裡跨過那雙鞋！

見樹不見林，可能會錯失寶貴資訊。這就是**視若無睹**的現象，又稱為**無意視盲**（inattentive blindness），這與我們的心智如何看見與處理資訊有關。

每年都有大卡車撞機車的意外事故發生，那些司機都說，自己在變換車道前曾左右看過，也看到車道上的機車騎士，結果卻還是撞了上去。每年夏天都有兒童在游泳池溺斃的悲劇發生，那些救生員從頭到尾都盯著澄澈的游泳池，卻還是沒看到溺水的幼童。原因在於，卡車司機是在注意有無來車，而不是在看有沒有機車；救生員則是在找有沒有人在水中驚慌掙扎，而不是沉在池底的人。

在美國菸酒槍炮及爆裂物管理局的工作經歷，教會我快速評估任何潛在的危險情勢，同樣地，新式身體語言計畫也要幫助你培養迅速掌握並分析環境中一切現有資訊的能力。當你實施了這項課程，就能強化自己在任何局勢、環境或人際關係中，準確找出關鍵細節的技巧與本能。

為了評估你視若無睹的程度，我要你進行「測驗你視若無睹的程度」第一部分的小測驗。在完成這項測驗之後，你將會了解我們遲鈍的感知習慣是如何使我們無視於非語言溝通的重要細節。

完成第一部分的測驗後，再翻到下一頁的第二部分測驗。不准先偷看！

測驗你視若無睹的程度：第一部分

時間三十秒。站在你的臥室門口，看著房間裡十個最大型的物體。時間到了就離開臥室。把這些東西寫下來。接著翻到下一頁，完成第二部分的測驗。

（注意！在偷看之前，一定要先完成第一部分測驗，否則就沒效了。）

信息集群

我媽是個護士，我爸是修車技師，他們的工作不僅要注意最微小的細節，也要能綜觀全局。無論是病人臉色發紅，或者車子發出喀啦聲，護士與技師都必須尋找其他症狀以做出精準的判斷。他們必須不斷使用各種訊號來「診斷」問題。

新式的身體語言也是如此。你需要有更多的訊號才能做出精準的判斷。因此，從現在開始，不要再依照字典式的身體語言義涵來解碼某個人的意圖，反而要開始尋找**信息集群**（message clusters）。

所有信息都是成群出現的，包括身體姿勢、手勢、臉部表情、語調與其他元素。唯有全數接收它們，整體思考，把它們當成一個信息集群，你才能精準測定某個人內在的感覺與想法。成群的信息會幫助你辨識不一致的訊號，因為那些不一致的訊號會像腫脹的拇指一樣突出。

熟練精準度是邁向應用的第一步，你必須接收目標對象所發出的所有身體語言訊號，了解所蘊含的資訊，才能做出有效的反

測驗你視若無睹的程度：第二部分

首先你要完成前一頁的測驗。接著，寫下臥室裡的十樣小東西。

哈！騙到你了吧！在第一部分的測驗中，我要你注意十樣最大型的物件，但其實我是要你寫下十樣最小的東西。

現在，回到你房間，看看你的答案是否正確。你能否寫出臥室裡十樣最小的東西呢？現在，坐在地板上環顧四周。你有沒有看到之前未曾注意過的東西呢？

如果你漏看了某樣東西，那是因為你視若無睹；你沒有注意到近在眼前的東西。往後七天都要記住這個練習，提醒自己要確實從不同觀點檢視你的生活，以及與他人的互動。

應。接下來，讓我們來看看要如何應用。

第二階段：應用所學

多數來參加我所舉辦的研討會的人，都有一些難改的積習；每個人都是如此。但有些人特別頑固，不願意改變。當他們依照固有方式行事時，會覺得比較自在。「我做不出那種握手的方式，」他們說。「這實在**不像我的**作風！」

我尊重這種感覺。當然，這不是因為我認為你做不到——只要下定決心，你就一定能做到。一般人都具有某種身體語言的慣性模式。但這並不表示你無法控制它。

與生俱來的本能

許多身體語言的訊號是與生俱來的。前面簡

約會時 七秒7戰術

問題：這兩位在嬰兒潮時期出生的人正在約會，顯然，這個陷入愛河的老男人不知道要把手擺在哪兒，或是該怎麼搞定身體姿勢。（也許你在會議中或求職面試時也有這種感覺。）在左邊的圖片中，他和約會對象面對面坐著，但他雙手緊握，讓他看起來很緊張。

解決：女士們，不要和約會對象面對面而坐，往旁邊坐一點，讓對方有些空間，同時將肚臍朝向他，手掌打開（許多人認為這是展現誠意的表現）。注意右圖照片中，男人的三個權力區域（肚臍、淘氣部位〔稍後我們會討論〕與脖子）都保持敞開的姿勢。效法照片中女士的策略，讓約會對象自信得像隻猛虎吧！

短介紹過保羅・艾克曼所說的人類七種共通情緒，所以我們知道，有些臉部表情乃完全受制於我們的生理反應。而不斷有證據顯示，身體語言的訊號也同樣受到生理反應的驅使。

在一項有趣的研究中，加拿大卑詩大學的科學家觀察了二〇〇四年奧運會與殘障奧運會的運動員，想要看看他們對輸贏的反應。由於觀察對象包含來自三十七個國家的一百四十名選手，因此有各式的人類反應可以參考。研究人員發現，無論選手來自哪個國家，優勝者都會做出相同的反應：把頭往後仰、雙手握拳擊向天空、挺起胸膛。相反地，落敗的選手則都會低頭垂肩。

你也許會想，那又怎樣？大家都看過電視轉播優勝選手的反應，也看過美式橄欖球員把球猛地一擲達陣得分，或足球員在射門成功後扯掉自己上衣的模樣。每個人都知道贏家是什麼樣子。

對，除非你瞎了，就跟五十三位殘障奧運選手一樣！

▼重新設定本能

某些身體語言是出自本能且無意識的。這一點毫無疑問。但我們無法控制的身體語言表現，遠不及我們能夠控制的身體語言訊號。

我們還有很大的進步空間。就像學習跳舞、接吻或騎腳踏車一樣，你也可以學習控制身體語言的許多層面。這不會讓你變成自戀的偽君子。事實上，當你能夠更加完美地掌握自己時，你也可以幫助他人感覺更好。

以恐懼為例。我們有時候會感到害怕。但讓全世界都知道你的恐懼，對你的事業或感情有任何好處嗎？或者，難道將恐懼全都表現出來，盡情「做自己」，才算誠實嗎？

不，這樣並不好。恐懼會傳染，沒有人喜歡害怕的感覺。研究發現，當我們看見某個人正在經歷某種情緒（快樂、傷心或恐懼）或是做出某種行為（打呵欠、微笑），一種稱為鏡像神經元（mirror neurons）的腦細胞就會刺激我們體驗相同的情緒或動作。所以，面試官看到應徵者面露恐懼時，她也會感受到相應的恐懼感，而她因此就會想離這個應徵者遠一點。這就是為何訓練自己散發出更多自信對你絕對有益。如果你要別人對你有信心，你就必須讓他們也感受到這份信心。

對某些人來說，只有在頭幾次練習自信的身體語言時，會覺得不自在；而對多數人而言，一開始就很容易上手。往後，即使你仍有疑慮，但你愈去想像並實際採用自信的身體語言，你的身體與大腦就會愈快調整，並開始相信你是真的充滿自信的。在面試的前一天與當天早上，想像自己自信地應對面試，面試就不會那麼可怕。寶貝，假裝直到成真為止！

我們的大腦是一種具有適應性與可變性的奇妙器官。神經科學研究已經證實，重複演練會建立起我們對自己的信心，這也是到達高深境界的基礎。重複演練會對我們的大腦發出指令說：「嘿，你可能會想要把握這條資訊。」你愈加演練本書的重要概念，它們就愈有意義。重複演練會確保這項新資訊變成你大腦神經途徑與連結的一部分，也會讓你更有機會繼續使用這項資訊。當你進入這條重複演練／自信／精通／再重複演練的正向反應迴路，你將更快朝向自在運用身體語言之路前進。

我知道，有時候要畢其功於一役看起來太過艱鉅也太嚇人。你不會明天就搖身一變成為身體語言大師。但只要一個星期，你就能有大大的改變，你要做的就只是一點一滴吸收一些基本觀念。

想想孩子們是如何學打棒球的。一開始他們學習如何穿戴手套，如何在揮棒時避免眨眼，日積月累，最後可能就是擊出贏得比賽的大滿貫全壘打。最好的學習方式就是從基礎開始，運用天生本能，漸進而為，重複不斷練習。想要真正精通某項專長，你就必須吸收整套資訊，而非一大堆你無法理解的片段資料。

在本書的每一章，我都會拆解各個相輔相成的新式身體語言面向。不斷練習破解身體語言的技巧（精準），不斷做實際的操練（應用），你的大腦路徑就會產生改變，而你也會愈來愈有自信（態度）。

第三階段：建立正確的態度

一旦進入這個階段，你就會看見各階段如何環環相扣。由於大腦會使用過去學到的知識作為預測未來的指引，因此在一件事情發生以前，你可能只需要幾秒鐘的時間，就能預測接下來最有可能發生什麼事，也能馬上應用本書的成功公式來達成目標。

我們渴望能擁有一個自信又討人喜歡的領導者。這個領導者能幫助公司獲利，引導公司往正確的方向走去，並且能建立客戶的忠誠度和認同感。

這也是為何儘管景氣動盪，我還是到處奔走，為企業訓練員工、經理人、甚至位階更高的高層們，學習這些柔性技巧。例如教導他們如何更平易近人、更懂得社交、表達得更誠懇，也就是如何培養出良好的態度。

態度是到達終點的方法，也是我們渴望的結果。我們都希望擁有那份沉著的自信，知道我們能夠掌握他人的想法，並且能夠影響他們。請注意，我不是要你去騙人，因為我相信，無論你的出發點是什麼，只要是去害人，最後必然會傷到自己。我這裡所說的結果，是較難定義卻更為珍貴的**成果**。

有些人很幸運，生來就擅長與人互動。你可能會稱之為與生俱來的魅力或是領袖氣質。但多數人仍必須努力發掘自己內在的魅力。如果你付出這一星期的努力，你一定能夠找到的。

新式的身體語言七日計畫

過去幾十年來，我充分運用了身體語言的方法與策略。我也將這些方法試驗在我的姊妹、同事、父母和朋友身上。當這些技巧奏效時，我就把它們傳授給學生。接著，我開始在《今日》、《瑞秋．蕾秀》、《福斯新聞》、《賴利．金現場》、《歐普拉與朋友》等電視與廣播節目，與數百萬觀眾及聽友們分享身體語言的奧妙。經過錯誤與嘗試，看到數千人使用前與使用後的差異，我收集了那些能產生最大效益、能真正改變人生、幫助人們達到「我成功了！」的顛峰狀態的技巧與練習，並從中精煉出這個漸進的七日計畫。當你完成這個為期一週的課程後，你將學會所需的一切技巧與自信，運用身體語言去獲取你想要的任何事物。

接下來我要說的話，對任何為人師表者也許都不陌生：在我擔任訓練師與講師的職業生涯中，我發現能有最大突破和進展的學生，是那些確實練習並執行我的「處方」的人。

嗯，好好想想吧，功課的確是有用的！

藉由觀察別人的身體語言，我的學生和客戶得以快速了解基本概念，然後靠著練習與運用所學技巧，量身打造出最適合自己的方法。他們付出時間，學習如何看準球，最終擊出了全壘打。

把它想像成你的春季棒球訓練吧。認真練習，你就能成為贏家。

如何準備你的一週計畫

我把整個計畫化整為零，分為幾個簡單易行的具體步驟。為了要得到你渴望的成果，你必須下定決心，不間斷地完成七天的計畫。

這些練習都很有趣，而且也很有效。為了有好的開始，你必須先做些準備工作。

一、擬定工作時程

每天早上撥出半小時至四十五分鐘的時間，心無旁鶩地閱讀當天的章節。接著，在當天稍後，花至少一個小時來練習你新學到的解碼技巧。在每章結尾都有實用的練習。如果你喜歡待在室內，我有些讓你可以穿著睡衣坐在電腦前進行的練習。如果你喜愛親身參與活動，我也有你需要的練習。建議你合併進行這兩種練習，才能獲得最佳效果。要何時閱讀並練習每天的課程由你自己決定，只要確保能連續七天都確實閱讀與練習即可。

二、製作成功日誌

準備一本筆記本，只要是你覺得好用的就行。在第一頁寫下你的計畫，這個計畫要包括你預先設定的閱讀與練習時間。同時寫下以下幾個問題的答案，這些都是我曾經對身體語言威力團隊的成員們提出的問題。

- 你會如何形容自己？
- 找三個朋友，問問他們會怎麼形容你？
- 你想要什麼？
- 到目前為止，你採取了哪些行動來獲得你想要的？
- 目前有什麼東西阻擋你達成目標？
- 為何你認為改造身體語言對你會有所幫助？
- 有什麼事情可能會讓你無法完成這個七日計畫？
- 你要怎麼做好準備，以防止自己的計畫被打斷？

接著，在同一頁寫下並完成這個句子：「**更好的身體語言會幫助我**＿＿＿＿」答案不要太長。舉例來說，你可以寫「提升業績」或「工作升遷」或「找到真愛」或「與親友打好關係」。這句話就是整個計畫存續的咒語。知道自己為什麼要進行這個計畫，能夠幫助你下定決心。

把你整個星期的想法和體驗都記錄在日誌中。當你完成這個計畫以後，這本日誌能夠提醒你自己原本的狀態與想法，以及在實行計畫後，你對自己與他人的看法有什麼改變。

三、收集兄弟姊妹的看法

各選三個詞來形容你的父母。接著打給你的兄弟姊妹或某個熟識（或曾熟識）你父母的家族朋友，請他們各用三個詞來形容你的父母。他們的答案與你的答案是否不同？為何如此？這項發現是否影響你看待未來的一星期計畫？是否對你的生活也會有所影響？

四、製作你的基線行為影片

相信我，這是最棒的部分！你不會相信這項工具有多大的啟發性！如果你覺得害羞或緊張，別擔心，因為你拍下來的影片只有你自己才看得到。如果你沒有攝影機，就去借一台。一定要完成這個步驟，這是必要的一步。

把攝影機放在椅子上，坐下來，對著鏡頭談一談：

- 你對這個計畫的正面期待。
- 你要如何知道自己是否已經得到想要的結果。
- 你的人生會有什麼不同。

關於拍攝這段影片，有兩個重要規則：一、不要按停然後重來，因為第一印象是無法重來的；二、即使你很想看，但千萬不要在拍攝後馬上觀看影片。稍後你在課程中會有機會觀看，到時候你會驚訝地發現，你居然能夠看出自己的身體語言到底是哪裡出了問題。

✍ 五、完成「身體語言信心指數」測驗

回答下頁測驗中的問題，然後看看你的分數與解析。別太在意結果，因為在一週課程的最後，你會有機會重新檢視一次。

你的身體語言信心指數有多高？

你的身體語言散發出多少自信？現在就讓我們來看一看。選出最符合自己的選項，然後把你選的A、B、C加總起來。

	問題	A	B	C
1	當你站立時，兩腳間的距離？	25公分以上	15至25公分左右	少於15公分
2	當你坐著時，腿部的姿勢？	蹺腳／蹺著二郎腿	兩腳平放地面	雙腳併攏或雙腿腳踝交叉
3	頭部／頸部姿勢？	頭往後仰，露出頸部	頭頸端正	頭往前傾，遮住喉嚨
4	肩膀姿勢？	後拉（挺胸）	放鬆	微微往前垂傾

5	當你和別人握手時，你的手會……	伸出手時手掌朝下	伸出手時手掌與地面垂直	伸出手時手掌朝上
6	當你緊張時，你的手會……	放在背後或臀部上	輕鬆放在身體兩側	放在口袋裡或碰觸身體其他部位
7	當你有所要求時，你的手會……	手掌朝下	手掌朝上	雙臂交叉或手放口袋裡
8	當你在思考時，你會……	雙手指尖對指尖／雙手合十	大拇指與食指扣住下巴	咬嘴唇，或者以手觸摸臉頰、嘴、鼻梁或頭髮
9	當你在走路時，你會……	手臂擺動，手肘朝外，大搖大擺	手靠近身側，手臂微微擺動	手放口袋裡
10	當你在聽他人說話時，你會……	看著對方，頭伸直	頭微微傾斜，看著對方	鮮少目光接觸，頭轉開，耳朵朝向說話的人
11	你如何與他人做目光接觸？	看著對方的整張臉，包括額頭與嘴巴	專注在對方雙眉至鼻尖的三角地帶	向下看而非直視對方
12	當你生氣時，你會……	皺眉表示不贊同／厲聲咆哮	板著臉，面無笑容，繃緊下巴	噘嘴
13	當你與人交談時，你的肚臍會朝向……	交談對象，而且手扠腰	交談對象（如果手放口袋裡的話，大拇指伸出口袋外）	轉離交談對象（如果手放口袋裡的話，大拇指也在口袋裡）
14	當你與他人同坐時，你會……	與對方面對面而坐	斜對著他們，或坐在他們旁邊	不確定，從沒注意過
15	你點頭的速度有多快？	很快	慢至中等的速度	非常慢

16	你在會議室的坐姿是……	占較較大空間，放鬆，向後靠，手肘朝外	雙手放鬆而敞開地放在桌上	雙臂交叉或雙手放在桌下
17	當你與別人一同離開房間時，你會……	將手放在對方的背上，引導對方走出去	用手指向出口的地方，並讓對方先行	自己先走出門
18	在圍桌進行十分鐘的小型會議時，你會……	全程站著	剛開始的幾分鐘站著，然後坐下	馬上坐下，然後開始說話
19	你的坐姿為何？	肩膀向後拉，挺直而坐	舒適且微微前傾	放鬆往後靠
20	當你要離開會議時，你會……	碰觸其他人的上臂或腿部，說你要離開了	肚臍朝向門口，手緊握椅子，準備起身告退	坐著等對話結束，或其他人結束討論

身體語言信心指數解答

自信等級：過度自信／自大

如果你的A選項最多，表示你可能不自覺地發送出自大的身體信號。當你很在意別人怎麼看待你時，你會變得矯枉過正。這種矯枉過正會讓你看起來過度自信而使人反感。你很難承認或接受自己的弱點，卻能毫不猶豫地指正他人的缺失（聽到我這樣說，你可能會很生氣）。雖然有些具權威性與支配性的身體語言會很有力量，但如果你一次使用多於兩個這類動作，就會讓人覺得受到威脅，導致有賴團隊合作的案子無法成功。然而，如果是遇上必須馬上拍板定案的情況或是緊急事故，使用這些姿勢就能快速抓住人們的注意。

給你的金玉良言：如果你錯了，這種自信就只是自大而已。

你的成功絆腳石：缺乏耐心。（也許你不肯承認，但你知道事實就是如此。）

——無名氏

▼自信等級：恰到好處

如果你的B選項最多，你天生就是個領袖人物。你完美結合了儀態與自信。你掌握了自己的生活，為自己的行動負責。你能夠切合實際地評估自己，也明白自己有能力影響局勢。在必要時，你有能力左右他人的注意力，但你也深具彈性、善體人意，並且很容易與他人建立關係。你將人生看作是一連串的挑戰，把自己推出安全地帶追求更高的發展。

人們很高興看到你，因為你風趣又善於傾聽。你直率而迷人的舉手投足讓你很容易與人相處，因此當人們靠近你時，不會覺得自己受到威脅或批評。

給你的金玉良言：自信不是源於始終正確，而是來自於不怕做錯。

——彼得・麥肯泰（Peter T McIntyre）

你的成功絆腳石：當生活有所波動時，就會削弱你的信心指數。（不過偷偷告訴你，你還是如此非凡，即使你的自信下滑也沒人注意到！）

自信等級：焦慮

如果你最多的選項落在C，你給人的印象可能就是你對自己、對你的職位或公司缺乏信心。你也許躲在「害羞」的面具後面。你常會避免一些你害怕自己可能會失敗、自取其辱或讓自己與別人失望的狀況。喔，對了，你可能偶爾會自願參加公司某個市場調查小組、與網友約會（好讓你能說自己正在「嘗試突破」），或在別無選擇時接受新挑戰。不過，你要不就因為不夠認真，要不因為一直抱怨（「這對我來說太難了」、「我都被搞混了」、「這是因為我太忙著做其他專案」、「那裡一個好人都沒有」等等）而阻礙自己。你認為人們不斷在批評你，有時你覺得自己很孤單。

別擔心，你並不孤單。名演員莎莉・菲爾德（Sally Field）也曾說過：「我花了很久的時間，才能不以別人的眼光來評斷自己。」（人們想到你的時間，根本遠不及他們想著自己的時間。）

給你的金玉良言：當我兩歲時，我真的非常焦慮，因為才過一年我就老了一倍。我心想：照這樣下去，到了第六年我就已經九十歲了。

——史蒂芬・萊特（Stephen Wright）

你的成功絆腳石：負面的自我對話。（你具有為自己貼上害羞、愚笨、醜陋、肥胖、腦子有問題、懶惰、幼稚等標籤的傾向。）

▼自信等級：胸有成竹

如果你的答案平均分布在A、B、C，你正邁向完全發揮自己特質的目標。你只要更相信自己，並了解你掌握著自己的人生就可以了。當你犯錯時，不要苛責自己，要找出自己可以從中學到什麼教訓。別再說：「今天不行，也許下次吧。」要說：「有何不可？那就去做吧！」在你準備就緒並定位好目標時，你的身體語言是非常有力的，不過當你受到挑戰或準備不夠充分時，你的身體語言就會洩漏出自我懷疑與緊張的無聲訊息。

給你的金玉良言：無論你內心感覺如何，總要嘗試表現得像個贏家。即使稍微落後，只要你一直表現得合宜且充滿自信，就能在心理上取得優勢，最終獲得勝利。

——亞瑟・艾許（Arthur Ashe）

你的成功絆腳石：在局勢艱難時放棄自己。（而且因為你的身體語言，其他人也會注意到）。

一旦完成這五個準備工作，你就可以開始新式身體語言的計畫了。今晚先好好睡個覺吧，因為明天好戲就要上場了！

第1天

從觀察個人的行為開始

如果你一看到身體語言的訊號，馬上跳到第一種結論，就會忽略事實上它們在不同的人身上可能有完全不同的涵義。這就是為何你必須在沒有壓力且自然的環境中，先觀察目標對象二到十分鐘，然後等待我所謂的「偵測點」出現！

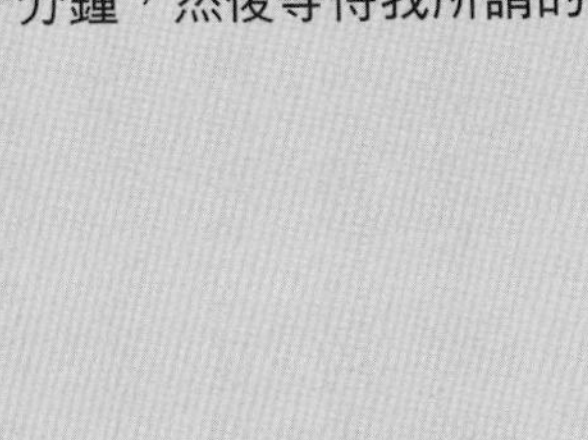

除非你從對方的觀點看事情，除非你爬進他的皮囊，穿著它到處走，否則你永遠無法真的了解一個人。

——哈波・李（Harper Lee, 1926-），《梅岡城故事》（*To Kill a Mockingbird*）

二〇〇四年夏季，美國菸酒槍炮及爆裂物管理局裡一位小名西西的探員蘇珊・布瑞，正著手調查一樁發生在芝加哥的槍炮走私案。許多拉丁美洲裔的幫派角頭在一次圍捕行動中被逮，但有個名叫裘迪的不法之徒，則因罪證不足還繼續逍遙法外。裘迪的哥哥傑米可就沒那麼幸運了，他在圍捕行動的幾天前，被自己的手下給殺了。既然這個案件摻雜了如此戲劇性的背叛情節，西西知道，在傑米的謀殺案開庭審判時，是蒐集相關證據的絕佳機會。

西西出席旁聽每一次的開庭，她留意到有一位年輕女子也是每次都會出現；那位女子就是傑米的孩子的母親。她顯然對裘迪懷恨在心，而她也有充分的理由如此。裘迪知道自己的哥哥即將被暗殺，卻沒有採取任何行動阻止悲劇發生。那個女人想要替孩子的爹報仇，她願意不顧一切代價。

那位年輕媽媽很快就成為西西的線民。她提供槍枝走私的運作流程，並在身上裝了隱藏式錄音器，然後佯裝要向裘迪買槍。錄音器不僅錄下了關於槍枝走私的對話，還透露了裘迪的副業：房屋裝潢翻新與轉售。

只要裘迪真的把槍賣給那個女線民，西西就可以逮捕他了。

親身見證：威力團隊成員的轉變

姓名：席爾帕．派特爾
年齡：三十四歲
職業：律師

■問題在哪裡？

我太內向了，這個問題一直困擾著我。我以為如果別人對我有興趣，他們就會主動先來接近我；如果我主動去接近他們，會打擾到他們。每當我得發言時，我總會嚇得半死。我曾經試著要模仿別人坦率、活潑和外向的身體語言，但這麼做只是讓我看來更可笑而已。

我參加過幾次聯誼，在活動中認識的男人不下百個，後續卻一個約會也沒有。在我們印度裔的社群中，二十五歲就算超過適婚年齡，而我都快三十四歲了，我的家人緊張得要命。我擔任法律顧問工作，不太需要進修受訓，也不用特別去建立人脈。我一直渴望從事「真正的」法律工作，能夠充滿信心地去訪談證人、準備案件訴訟。儘管如此，我從未遞出任何履歷。

■改變與進展

以前我就像行屍走肉一樣，每天都只是虛應故事。但奇蹟發生了。我心想：要是我也能像其他人一樣有自信，我就能得到自己所渴望的東西。在我開始這個七日計畫之後，我為自己的人生負起責任，我學會不再等別人來領著我前進。

現在，我對每個人的看法都改變了。我不再期待別人知道我在想什麼，特別是初次認識的人。我刻意在工作與社交場合中起身說話。在參加這個課程後，我進行了幾次工作面試，我不像以前一樣害怕提出問題或展現能力。我學到，害羞有時也是一種自私，因為你其實是在期待別人幫你承擔責任。

有句話說：「如果事情還沒解決，那是因為還不到結局。」經過這番改造之後，有兩個政府單位通知我去面試。我的人生產生了正向的改變。我覺得更滿足快樂。雖然我仍心懷目標，也渴望成就更多事情，但我對自己以及我是誰都更加處之泰然。

他們當場逮住裘迪。在宣讀完他的權利之後，西西問裘迪是否還有什麼話要說。「我不會說英語，」他用西班牙語咕噥著。

「沒關係，」她笑著說，「就買賣槍枝這件事，我想你已經賴不掉了。我比較感興趣的是你的副業。我知道你正在翻修幾間房子，而且你的做工沒得挑剔！」她詢問他翻修屋子有哪些步驟、要用到哪些器材等等問題。

「我什麼都能修，」裘迪自豪地說。

「這真是個好消息，」西西誠懇地說，「因為我正要整修房屋，過程中可能會有許多問題得請教你。」

此後，每次西西去探訪裘迪時，都會請教他有關裝修房屋的事。就像她逮捕過的其他嫌犯一樣，裘迪也開始把西西當成朋友。（有位罪犯曾對西西說過：「我的律師叫我不要跟你說話，但每次我們說話時，我都會忘記你是個探員。我覺得好像在跟朋友聊天一樣。」）西西沒有直接切入槍枝或黑幫那些會讓裘迪沉默和防衛的話題，反而先與他討論管線、隔熱設備及硬木地板。西西會隨興地問道：「我剛把廚房牆壁漆成黃色，整個廚房都亮了起來，」接著突然轉移話題：「我知道你哥在被殺之前，才剛從密西西比州運了一批槍枝過來。他死後就由你接手，現在你入獄了，誰來接手？我知道有些兄弟們很快就要出獄了，他們會開始走私那些槍枝嗎？」

為了讓裘迪明白她知道的比他以為的還要多，西西總會提起裘迪以及其他角頭們的個人資料。每當西西說對了或猜測正確時，裘迪就會做出竊笑的表情，而當西西判斷錯誤時，他會臉色一沉，好似無聲地說著：「親愛的，你得繼續挖掘真相。」

到了開庭那天，裘迪決定為自己辯護。當他戴著腳鐐做開庭陳述時，他說：「首先，我想要告訴你們，蘇珊・布瑞探員，我和她多數朋友都叫她西西，她真的真的是個好人。她很稱職，我非常欣賞她。但基本上，線民擺了西西一道，線民跟她說的是謊話。」

當他戴著手銬被護送出法庭以等待陪審團的決議時，他把頭轉向西西說：「看來你等會兒要買罐啤酒幫我慶祝一下了。」一等裘迪走出法庭，法警就衝著西西笑。西西笑著說：「千萬不要讓他被判有罪，因為我已經好久沒約會了。」

最後，陪審團宣判裘迪有罪。裘迪皺眉張嘴一臉驚訝。他戴著腳鐐，垂頭喪氣地走出法庭。

裘迪才被帶走，剛才那位法警又對著西西咧嘴一笑。她聳聳肩說：「又一個男人從我指縫中溜走了。你知道芝加哥的單身女郎有多難找對象嗎？」

西西的做法跟你以為探員們會採用的方法很不一樣，對嗎？然而，她使用的方法在任何關係中都是一種可靠的做法：研究你的對象，了解他，投其所好地建立信任、打好關係，然後才能朝你的目的邁進。

開啟這個過程的第一步，是觀察一個人的行為模式，也就是大家所說的「基線行為測定」或「找出慣常的行為模式」，這也是新式身體語言計畫的基礎。有效解讀及運用身體語言，要從學習找出別人和你自己的行為模式開始。基線行為測定與建立信賴感的技巧，重要到連國家的犯罪調查單位都要對新進人員強加訓練一番。一旦你搞定這兩項技巧，就能看穿你所碰到的任何人，並與對方打好關係。很快地，你也能讓冷酷的罪犯對你言聽計從！

精準識人：找出行為的基準點和觀測點

如果不去觀察一個人慣常的行為模式，你就會落入舊式身體語言的兩大陷阱：**讀心術**與**錯誤解讀**。在執法經歷中，我曾看過這種陷阱導致執法者把時間浪費在錯誤的嫌犯上，甚至更悲慘地，做出假的供詞。就像以下這樁可怕的真實案例：一九九八年，在伊利諾州的恩格伍德市，兩名分別為七歲與八歲的男孩，被控謀殺一名十一歲的女孩。兩個男孩的體重都不到三十公斤，他們被發現時全身濕透。其中一名男孩患有語言障礙，無法正常溝通，結果四個不同的訊問者在訊問他時，他所做的陳述每次都有些許出入。因此，警方鼓勵這個無辜的男孩要當個「好孩子」，坦承一切，然後這男孩很快就被以謀殺罪起訴。

然而，不到一個月，警方就被迫中止對這個孩子的起訴。為什麼呢？因為犯罪現場發現了不可能屬於這兩名男孩的精液；這兩個小男孩的身體根本還沒發育成熟到能夠製造精液。

研究人員說，本案是伊利諾州有史以來最惡名昭彰的逼供案。本案與其他許多處理失當的案件一樣，其實只要花不到十分鐘的時間找出嫌犯的行為基線，就可以避免誤判。

找出行為基線的重要性不僅限於逮住壞人、保護無辜民眾的安全。如果你不花點時間去了解某個人的基線行為，很有可能會誤判對方的身體語言訊號。在商場上，錯誤解讀客戶的動作不但會讓交易無法成功，還會造成金錢損失。你也可能會失去員工，或者與升遷無緣，只因為自己無法成功判讀同僚或老闆的行為。假如你沒有把握關鍵的時刻，觀察有可能成為朋友或情人的對象，結果就是讓自己心碎。

只要花個幾分鐘，測量一個人慣常的基線行為，並建立起信任關係，你就能夠做好準備，解讀並回應任何迎面而來的身體語言挑戰。

▼是個性使然，還是故意閃躲？

當你在測量一個人的基線行為時，你要找的是他們在自然行為模式下所出現的線索，也就是他們依照預設模式所做的行為，並且沒有刻意隱藏。

這是新式身體語言最迷人的部分之一。在我腦中，我正在主持介紹野生動物的節目《野生王國》（*Wild Kingdom*），我悄聲說道：「我們現在位於業務員的天然棲息地，觀察他的銷售技巧。注意他的眼睛是如何快速地眨著，也許是他戴著隱形眼鏡造成眼睛乾澀，也許是因為他很緊張。他說話時不斷抖腳，是因為他過動？還是他急著想閃人？別轉台，我們稍後會看到……」

我保證，一旦你開始研究人們慣常的行為模式，你會上癮的。光是仔細看人看個幾分鐘，甚至還不用去判斷他的動機或解讀他的心思，你就能學到好多東西。就像生活中的其他事物，你愈將注意力放在上頭，畫面就會愈豐富多層。你將看見人類慣常行為模式的多樣性。以兩位指標性的娛樂界人士為例：霍華．史登（Howard Stern）與伍迪．艾倫（Woody Allen）。（見下頁圖）

我想你找不到比這兩位之間的差異更大的娛樂霸主；一位是驚世駭俗的名嘴史登，另一位則是電影大師艾倫。史登這位話鋒犀利的廣播之神，幾乎在每張照片裡，雙手都輕鬆地放在身體兩側。這也是我最喜愛的自信姿勢。若你曾在報章雜誌上看過人們領獎時的照片，你會發現照片上最有權力的人，站姿都像史登一樣。而比較緊張的人或地位較低的下屬，站姿就好像穿著遮羞布一樣，雙手放在皮帶下方的位置（也就是我說的「淘氣部位」）。或者他們會雙臂交叉，或是把手深埋在口袋裡。注意史登的手沒有扠腰或放在背

自稱「媒體之王」的霍華·史登（右）站姿自信而敞開。
導演伍迪·艾倫（左）將手藏起來，讓他看來有些緊張。

後，誇大他的影響力；他只是放輕鬆。不管你喜不喜歡史登，那就是自信啊！這種敞開、全然安穩的姿勢，是史登的基線行為。

相反地，艾倫的基線行為則完全不同。他的慣常動作本來就包含焦慮的面部表情；雙手、雙臂與兩腿交叉；經常摸臉；還有懶散的站姿。幾乎在每張艾倫站著的照片裡，他的手（包括大拇指）都藏在口袋裡。在多數照片中，他都流露出焦慮、緊張與不安。

這兩人代表著截然不同的極端。但多數人的身體語言較不明顯，往往介於光譜之間。為了每次都能準確判讀，你必須採用訓練有素的方法，也就是一套客觀的流程：撇開狀態中的情緒成分，基於現有證據來評估他人。

這時候，沒有比兒歌更好的工具了！

▼步驟一：頭兒、肩膀、膝、腳趾

你的腦海中是不是正浮現這首兒歌？在你評估一個人的慣常行為模式時，這首歌是個很好的提醒，教你記得要觀察對方身體的每個部位，而不只是觀察臉部表情。就像小孩子會一邊碰觸身體的各部位，一邊唱著：「頭兒、肩膀、膝、腳趾……」你也會學到如何巧妙地這麼做（當然是用**眼睛**）。

你要觀察人們身體的這四個部位，尋找他們的預設模式。看看下面這張表格，包含了最常見的身體語言訊號，你會發現多數訊號都有不只一種義涵；這就是為何在你試著解讀任何人之前，必須先知道他的慣常行為模式。

基線行為	行為改變可能意味著……	或者只是……
☺頭部		
他的頭是否傾向一邊，或者微微往後，還是低垂向前？	當他改變原本的姿勢，可能表示你已經引起他的興趣。	這只是頭部的自然轉動。
蹙眉還是眉間放鬆？	以放鬆時額頭皺紋的程度為基準，皺紋變多可能表示怒氣或專注。	皺紋也可能表示老化。大家都有這一天！
此人平時的眉毛位置？	眉毛位置的改變可能表示興趣／訝異（由持平位置升高），或者怒氣／專注（皺在一起）。	有些人的眉毛位置比常人高出許多，看起就像一直都很驚訝。
他與別人目光接觸的頻率？	目光接觸增加或減少，可能表示焦慮或興趣。	害羞的人在深入認識後，才會比較樂於給予他人目光接觸。
他的眼神看向哪裡？	他是否本來就「眼神閃爍」？若非本來如此，可能表示他在閃躲什麼。	多數右撇子在體驗到深刻情感時，容易向右下方看；而在自我對話時，則會朝左下方看。有時左撇子恰好相反。
他的嘴唇是否放鬆？嘴呈什麼形狀？	一旦你了解對方嘴唇原本的大小，就可以看出生氣的徵兆（抿起上唇）或沉思／不認同（噘嘴）。	他可能使用豐唇劑或「填充物」，這些整型方式使得今日的唇部基線判別更加困難。
他的鼻子平順嗎？	皺起鼻子可能表示厭惡（下意識想要封閉自我，或是把討厭的東西隔離在外）。	我認識一位女孩在大笑時鼻子會皺成一團，非常可愛！

基線行為	行為改變可能意味著……	或者只是……
☺肩膀		
他是否垂著肩膀？	如果一個人一開始是挺直的姿勢，後來上半身卻向前垂傾，他可能是感到自卑或失去興趣。	好的姿勢並非連續不間斷的；即使是電視名人，也很難一直維持良好的姿勢。主播坎貝爾．布朗（Campbell Brown）在訪談中說過她母親會不斷盯著她的儀態。
他有沒有觸碰臉、頭髮、衣服或身體其他部位？他是否雙臂交叉？	當我們緊張或焦慮時，會想用手觸摸東西，下意識地安撫自己。多數人在感到自在時，則會放鬆雙手，或在說話時自在地使用雙手。	當我覺得累或冷的時候，就會雙臂交叉，誰不會呢？這並不表示我們感到焦慮。
他的身體非常挺直嗎？	他可能正發送訊息，說自己非常緊張、憂慮或害怕。	約翰．韋恩（John Wayne）的姿態總是非常挺直，看起來聰明又富男子氣概，但他本來的姿勢就是如此。
他的肩膀是否與你平行？	如果原本是，但後來突然大幅改變角度，拉開你們之間的距離，可能表示不太對盤。	有些人覺得肩膀離別人遠一些，才會比較自在與「安全」。
他的肚臍與淘氣部位（鼠蹊）指向哪裡？	當他的上身靠向另一個人時，可能表示興趣；轉離對方或朝向門口，可能表示他想要離開。	傾身可能只是因為疼痛或受傷。
☺膝部		
他的坐姿如何：是身體往後靠向椅背、蹺腳？還是往前傾？	當雙腿收緊好像準備要起身的樣子，極有可能表示他想要離開了。	每當我爸坐太久，他會向外伸展膝蓋。這不表示他要離開或他不喜歡你說的話；他只是膝蓋痠痛。

基線行為	行為改變可能意味著……	或者只是……
他是否蹺著二郎腿？	這種顯示自信的姿態，大體上是在說：「瞧瞧我能給你什麼好處。」由於這種姿勢占據較多空間，通常表示極度自信。	不管男女，許多人在舒適自在時都會採用這種姿勢。（這是知名主持人瑞秋．蕾和艾倫．狄珍妮最喜愛的坐姿。）
☺腳		
他站著或坐著的時候是否踮起腳，好像在對抗地心引力一樣？	當警察說「你知道我為什麼攔下你」時，通常會出現這個姿勢。這顯示極度自信。一般人這麼做時，可能是感到興奮。	我的乾媽派特身高不到一六〇公分。當她坐著時，腳無法著地，因此她常用腳趾點地以保持平穩。
他的腳是否縮在椅腳中間？	通常當人們持保留態度或不打算主動分享及參與時，他們會把腳伸到椅子下面。而當他們在克制自己的情緒或想法時，則會用腳勾繞著椅子。	患有社交焦慮症或是極度害羞的人，通常在坐著時都會將腳縮至椅子下方；這是他們慣有的動作。
他是否不斷移動身體：腳蹺來蹺去，腿不時交叉又分開，臉部表情誇張？	過度的動作可能表示緊張。	也許是過動症（ADD）。
他是否雙腳腳踝交叉？	腳踝交叉會比雙腳分開占據較少空間，因此這種訊號可能表示他對本身的懷疑。這是一種封閉的態度，或表示他想逃往別處。	來自美國南方的女學員常告訴我，她們的母親與祖母從小就教她們說，坐著時要腳踝交叉。這是淑女的坐姿，是她們慣有的坐姿。
他的腳掌是否朝內彎？	他可能感到不舒服或不自在。	我叔叔法蘭西因為腳底板疼痛，會微微將腳往內彎，這種疼痛後來證實是癌症所引發。而許多穿著高跟鞋的女性也會做出這個動作來舒緩腳痛。

遊戲時間到了！

為了增進你快速找出別人基線行為的視覺理解（visual-perception）技巧，邀請朋友或孩子來場電玩挑戰。根據美國《科學人》雜誌的報導，一星期玩幾個小時電玩遊戲，不僅能促進手眼協調，還有助於增進深度知覺、激發心智靈敏度、增加注意力廣度，並且幫助玩家快速辨識各種模式。向自己的渴望投降，去買台任天堂遊戲機或Wii，或者到附近的電動玩具遊樂場玩個一兩小時吧。愛荷華州立大學的科學家們發現，有打電動習慣的腹腔鏡醫師，會比不打電動的醫師更能快速而精確地施行手術。

現在你看出讀心術有多麻煩了吧？如果你一看到這些身體語言的訊號，馬上跳到第一種結論，就會忽略事實上它們在不同的人身上可能有完全不同的涵義。這就是為何你必須在沒有壓力且自然的環境中，先觀察目標對象二到十分鐘，然後等待我所謂的「偵測點」出現，也就是這個人開始出現異於基線行為的時點。偵測點又稱危險地帶，也就是一個人開始偏離他的基線行為，而這時就是你**真正**能從他的身體語言看出最多端倪的時刻。

步驟二：標出偵測點

偵測點就是當一個人從基線行為轉向其他行為的精確時刻。這種改變是探索新式身體語言的神奇之窗。

再回頭想想霍華．史登。既然我們知道他的慣常姿勢就是神氣自信，站立時會將手擺在身體兩側，如果現在他突然雙臂交叉，把手插進褲子的口袋裡，或做出遮羞布式（用手蓋住私處）的站姿，我們就找到了偵測點，可以仔細想想：發生了什麼事，造成他的這種轉變？這些在一開始沒有出現的行為格外重要——它們可能代表了猶豫、不同意、欺騙、隱瞞，或是言語未表達出來的情感。

以下這些情境例子，可以看出基線行為在偵測點是如何改變的。

情境	基線行為	偵測點
調情放電	六成時間的眼神接觸。	小於六成或大於六成時間的眼神接觸。
求職面試	放鬆而敞開的身體語言。	雙臂與雙腿交叉，製造出一道屏障。
商業談判	雙手做出指塔動作，同時身體向後靠。	往前傾，採用坦白與誠懇的開掌姿勢。
購物買車	手扠腰，兩腳間距超過25公分。	手放口袋（藏起大拇指），兩腳間距縮小。
爭吵質問	身體正對著你，手臂放鬆垂在兩邊。	臉部還是朝向你，但肚臍轉向門口。
提出要求	放鬆的面部表情。	鼻子很快地皺了一下，而且當他說「沒問題，我會幫你搞定」時，肩膀聳了聳。

七秒7戰術 增加你的知覺價值

問題：左圖中，這位男子好像是個局外人。他好像想要採取行動，但這些女人看來並不感興趣。那為何他還要行動呢？這些女子其實與他的搭訕計畫沒什麼關聯，他的目標是房裡的其他人。

解決：移往中央位置（也許故意去拿杯飲料，然後轉身並站在那裡）。這是個很聰明的方法：第一，站在中央位置的人總是看起來像領袖；第二，現在他好像與這群女子是一夥的。只要一點小動作，你就會增加自己在酒館裡其他女性眼中的知覺價值！很狡猾，但聰明！

現在你知道為何找出基線行為是整個過程的關鍵了。如果霍華・史登突然開始踏腳或狂搔鼻子，這種異於他慣常行為的動作，可能顯示他有所隱藏。但如果伍迪・艾倫做出了相同的動作，你根本不會覺得有何不對勁。

這些資訊要如何幫助你精準解讀身體語言，並技巧地加以應用呢？建立行為的基線，是你學習本計畫所有課程的基本技巧。

那麼，你的身體又訴說著哪些故事？身體說的是否比你以為的還要多呢？

應用：了解你的習慣動作，建立信賴關係

想像一下你的握手、坐姿、站姿與笑容在全國性的電視節目上實況轉播，被成千上萬的陌生人分析著。除非你希望成為下一個真人實境秀的明星，否則我想這並不在你的生涯規畫中。但在二〇〇八年的七月，二十出頭的黛娜，一位又辣又能言善道且表現優異的Hooters餐廳女郎，正要被拔擢為區域負責人，卻有此機會登上舞台——原來是黛娜完美的工作資歷和迷人個性深受主管凱特賞識，而凱特很希望讓黛娜的領導能力與勇氣接受這種實境考驗。當黛娜接到《大創意！》（*Big Idea!*）節目製作人的電話，談到這個升遷機會時，她把這個挑戰視為向上司與世界展現她對自己及公司多麼有榮譽感、熱忱與信心的機會。

那天我擔任《大創意！》的節目專家，任務就是要幫助黛娜展現最美好的面試技巧。製作人設計了一個模擬面試：我會先在錄影時給黛娜進行面試，並討論哪些方法有效、哪些方面需要加強。

黛娜親切友善，是你第一次見面就會想要擁抱她的那種類型。她真誠的熱情與盡力而為的精神表露無遺，然而她的旺盛精力對於面試來說，特別是公司內部重要領導職位的面試，有點太過頭了。在模擬面試中，我們看見黛娜的急遽轉變，她原本的自信受到了打

擊，而且表現在她的身體語言上：她的姿勢過分僵硬、臉上掛著緊張的假笑、雙腿不安地一下交叉一下分開，間或焦慮地摸著頭髮。她甚至好幾次表明：「我現在真的好緊張！」

誰能怪她呢？但黛娜的緊張動作會成為她成功的絆腳石，因此一定要設法解決。

我要黛娜描述一段她感到很有自信的經驗。黛娜與我分享某次她激勵餐廳女郎盡情表演的故事，她一邊說著，姿勢也跟著放鬆了；她鬆開了交叉的雙腿，身體微微向前傾，相當迷人，還使用了一些稍早並未展現出來的自信手勢。

一旦她處於自信的狀態，我要做的，就只是在那一刻提醒她注意自己的身體語言。就好像她腦中那盞不安的警示燈熄滅了，而黛娜也明白面試要怎麼做了。當攝影機開始拍攝時，黛娜走入面試區與老闆凱特打招呼，擊出漂亮的一擊！一個小時之後，我們三人進入了節目現場，而凱特給了黛娜那個職位。

✔要知道為什麼你必須了解自己的習慣動作

我的學員總是驚嘆於他們從自己的慣常行為模式中學到的東西。這個步驟很可能是整個課程裡對你最具啟發性的一步。

在你學會將身體語言應用到任何情境之前，你必須了解自己所運用的工具。認識自己的習慣動作，有三大好處：

✍一、破除讀心術的窠臼

不要論斷別人，你就會少被論斷！你愈了解自己的坐姿、站姿及其他非語言的肢體動作，知道身體語言可能會傳達出錯誤的訊號，那麼你在判定周遭人們的身體語言時，就愈能破除舊有的習慣。

✍二、調整自己的身體語言以符合所要傳送的訊息

在你能夠精通這些身體動作前，你必須知道你所使用的原料是什麼。找出自己的基線動作，就像在地圖上標示座標一樣；若沒有座標，你永遠無法確定行進路線，前往你想要去的地方。

假設你想讓修車師傅知道你可不是好騙的，可是你一緊張，卻把手插進口袋裡，整個人看起來像縮了水似的，一點力道也沒有。如果你知道自己會這麼做，那麼你可以穿件沒有口袋的外套，好讓自己即使在焦慮時，也無法做出這種具有反作用的動作。或者，假設你想要鼓勵孩子同心協力完成某項計畫，但過去你慣於使用手掌朝下的手勢，讓孩子們覺得受到壓迫與支配，結果是爭執、鬥嘴與溝通失敗。一旦你察覺自己這樣的慣常行為，你就知道下一回要緊握雙手，甚至將它們放在口袋裡！

✍三、改變你的大腦

你的身體語言不僅會影響別人，還會影響你的思考方式與你對自己的感覺。在一項研

究中，研究人員要求受測的四十一名學生在解字謎時將雙臂交叉或把手放在大腿上。結果雙臂交叉的人不僅表現較好，也比雙手放在大腿上的學生多堅持八十秒，而那些雙手放在大腿上的學生不到六十秒就放棄了。研究人員推測，雙臂交叉的動作啟動了學生下意識追求成功的企圖心，也增強了他們的毅力。

許多研究證實，當你刻意改變身體動作時，例如強迫自己站直，能幫助你經驗更正向的情緒與想法。重複練習這些正面的身體語言訊號，可以訓練自己感覺更有自信。即使像雙臂交叉這種簡單的動作，也能對你的專注力產生深遠的影響。

雖然你無法控制臉部一閃而逝的每個微表情，但你必須了解自己在一般情況下表現出來的模樣。你常用的手勢會洩漏你不想說出口的訊息，例如缺乏自信、不安或距離感，而你可能還渾然不覺。這些訊號都會妨礙你與他人建立關係，危害到那些能幫助你以身體語言影響別人的情感連結。了解自己的慣常行為模式，你就能預先做好準備。認識你自己的行為，是建立信賴的基礎，而良好的關係是達成目標的關鍵。

透過關係建立連結

高達九成的成功銷售取決於你與生意對象或客戶建立關係的技巧。無論你是不是銷售業務員，我們全都在推銷自己。從舉辦面試的招募經理到首次購屋的單親媽媽，甚至是離婚後第一次約會的中年男性，只要我們想成功，就必須學會與他人建立關係。

想要與他人打好關係，不只是要反映對方的行為，以及發揮個人領袖氣質與魅力。真正的融洽關係，是將心比心。深入理解對方，透過他的眼光來看這個世界。這是一種真誠聆聽的能力，了解對方的價值，並與他們的情感產生連結，更重要的是：建立信賴。

我永遠也忘不了那一天，我聽到兩位探員所做的簡報，就在他們讓一個三十二歲的巧克力工廠工人，也就是連續殺人犯傑佛瑞·丹墨認罪以後。我們看著投影片顯示出一張又一張探員們親眼目睹的犯罪現場照片，那些常人根本無法想像的邪惡、噁心、恐怖情景，

一開始的三十秒最重要

警告：你只有三十秒的時間能給人留下好印象。最近有項研究，觀察了訓練有素的面試官與新手面試官如何評估應徵者。研究人員先錄下候選人與經驗老道的面試官面談的二十分鐘影片，然後讓那些新手面試官個別觀看每段面試的頭三十秒。接著兩組人馬都被要求必須基於自信度與好感度兩項因素，評估每位應徵者。結果如何？兩組成員感受到的第一印象幾乎一模一樣。

在場所有人都傻了眼。我們就坐在那兒，垂著肩膀，皺著鼻子，要不雙臂交叉胸前，要不就是雙手扭絞著。雖然我們對這樁案件覺得反感，但也很想知道他們是怎麼破案的。這兩位探員到底如何讓丹墨承認行凶殺人，還坦承了連警方都毫無頭緒的其他犯行？

這兩位探員真的是高手。儘管他們看到那些被害人的恐怖殘骸，卻能壓下憤怒與反感。身為資深調查人員，他們知道要找到真相的祕訣就在於建立信任，而獲得嫌犯信任的最好方法，就是找到自己與對方的共通點。但兩位受過教育且受人敬重的探員，會與性侵加害者和連續殺人犯有什麼共通點呢？

答案是宗教。丹墨的父母，特別是和他同住過一陣子的祖母，都是非常虔誠的教徒。因此他們和他聊上帝及寬恕的話題，以及上帝多麼希望他能給這些痛失所愛的家庭一個完結。然後他們聽著、繼續聽著、不斷聽著丹墨說出一樁又一樁的犯行，直到他認了總共十七條的殺人案。

信任關係是一切互動的基礎。這是所有成功人際關係的框架，即使在面對殺人犯這種恐怖的情境中，也是如此。如果那兩位探員連與丹墨這種心理變態都能建立關係，那麼你也能與任何人建立關係。

以下是世上最傑出的溝通專家所採用的十種建立信賴關係的指南，你當然也能加以運用！

✍一、做出有力的自我介紹

在與人相識的最初七秒，對方就已經對你產生了第一印象。這種「第一印象效應」會決定對方是否信任你。在你走進任何場合之前，想像一下即將與你說話的人是你最要好的朋友，是你認識了一輩子的人。這是最容易上手的技巧，能讓你發出正面與討喜的身體語言訊號。

在介紹自己的時候，要清楚說出名字好讓對方記住。有一招就是：「嗨，我的名字是（停頓一下）珍妮（再停頓一下）柴佛。」想像你的名字寫在戲院的入口處。如果你不以敬重與尊榮的態度來看待自己的名字，就別指望別人會尊重它。不要只提一次對方的名字，盡量在對話中多提幾次。我的經驗法則是，對話中每十到十五分鐘至少就要說一次對方的名字。有人說過，世上最甜蜜的聲音，就是聽到自己的名字。

✍二、模仿，但要小心

如果你讀過銷售或說服技巧這類的書籍，它們可能會建議你模仿客戶的行為，或「反映」做出同樣的舉動。看到別人使用與自己相同的手勢，或者聽到相同的聲調，會啟動我們大腦內情感和同理心的神經迴路。當我們覺得與對方契合或「相同」時，我們的大腦會開始信任對方並產生情感。

這個技巧相當重要，但必須謹慎使用。你應該不希望客戶覺得你像個只會模仿的跟屁蟲。我的良心建議是，小心行事。在仿效他人的行為前要多想一下，做出相似而非完全相同的動作。沒錯，人們會與和自己相像的人有更親近的感受，但是太快模仿某個動作，可是會搞砸一切。友誼的橋梁可能會被打斷！

三、尊重他人

有時候，遇到不同的政治立場、不同的生活方式，以及對美和健康有不同看法的人，在相處上可能會是個挑戰，但我們都有某些共通點。我們都是人類，假如你想要建立信賴關係，就必須以尊重的態度對待別人。要將心比心。不要以高人一等的姿態對人說話。注視對方的雙眼，或採取較低的位置，才能給對方留下你們是相似或平等的印象。當你用人

配合觀眾的活力指數

警告：有些演講者或主持人覺得自己的任務就是要替早起的聽眾「打氣」，激發他們的活力，但這麼做其實錯得可憐。人們喜愛與自己相似的人。無論是在會議室還是大會場合，如果在一開始時，晨會主持人的活力指數較接近觀眾的話，之後就比較有可能帶給觀眾愉快與滿足。

們喜歡的態度對待他們時，打好關係就不成問題。

四、不要操之過急

與人建立關係時，所犯的最大錯誤之一，就是操之過急。舉例來說，脊椎治療師和病人交談的時間通常不會超過十分鐘，但我永遠記得紐約的一位脊椎治療師，他在幫我整脊之前，只花了兩分鐘就取得我的信任。我記得我走出他的診間後，才發現自己竟然只待了大約七分鐘，但我覺得自己彷彿已經認識他好幾年了，我們甚至還擁抱了一下！我還給他取了個小名叫做抱抱整脊師。他突顯了一門非常重要的功課：即使你只有兩分鐘能建立關係，也要與你面前的人真正產生交流。注意對方的身體語言正在說些什麼，以及你透過眼神接觸、握手、姿勢、身體角度、雙腳方向與手勢對他說了些什麼。這些都是關鍵時刻。慢慢來，不用急。

五、讓對方說話

小時候，媽媽總是跟我們幾個姊妹說：「力量來自於你能給別人什麼。」在我任職於聯邦政府這十多年的時間裡，我把這句話時時記在心上，我知道媽媽說的是對的。

方法很簡單：讓對方說話。提出開放性的問題，像是「說說看暑假你都做些什麼」、「對於新的職務，你最期待什麼」、「為什麼你想到本公司工作」，然後讓對方說話。就像前述殺人犯丹墨的案子，探員們之所以能夠找到與丹墨的共通點，方法就是讓他暢所欲言。如果你也這麼做，你就能找到更多可供運用的資訊。

六、提供消息

分享一些個人經歷。真誠地分享。只要你敞開心胸且坦誠，與他人就會有更好的連結。舉例來說，我的導師JJ在剛認識一個人時，即使對方是個壞蛋，他總會開玩笑說自己有三個孩子：「每種各一個。」在雙方咯咯笑之後，他會解釋說，他有三個又棒又漂亮的女兒，他能體會為人父、無條件愛著一個人、不計一切想要保護對方的感受。他使用這項個人資訊，在自己與對方之間搭起一座真誠的橋梁。當你使用太多「心機」想要去影響別人時，例如模仿技巧，可能會讓你看起來缺乏誠意，甚至是為達目的不擇手段。

此外，無論是求職面試還是訊問過程，不管在什麼情境中，都要開誠布公地告訴別人接下來會發生什麼事。這麼做可以大幅減輕對方的焦慮，即使你只是簡單地說：「面試不會超過三十分鐘，我會問你一些我問過其他應徵者的問題，我問完以後，你可以問我任何你想問的問題。」

七、謹慎使用觸摸

觸摸是一種有力的工具，但必須小心使用。不要讓你的觸摸顯得突兀或太過頭，要巧妙地接觸，表現得像是不經意的。在你表達正面的看法時觸摸他人，例如讚美對方時，或因為對方說的笑話而發笑時。輕柔而友善地輕觸，而非短暫的戳刺，例如讚美對方的手錶時，握住他的手臂或手腕，或是在會議室時，將手放在某人的上背部引導他走出去。巧妙的碰觸會釋出訊息說：「我喜歡你。我與你十分契合。」

再次提醒，要謹慎小心：不要碰觸太久，頻率也不要太高。頻繁的碰觸可能會很煩人，例如用手指戳來戳去。而就某方面來說，太多碰觸可能與不斷微笑一樣，會讓你看起來缺乏自信。因此要謹慎行事。

✍ 八、好好地點頭

一項研究發現，對病患做出點頭動作的醫師，比那些沒有點頭的醫師，被認為更具有同情心與親切感，並且較能得到病人的信賴。訣竅在於，點頭要點得恰到好處，而且還不能點太多。短暫的點一下頭是最有效的，能讓人知道你正專注聽他們說話。點兩下，好像你希望對方說快一點。點三下（更糟的是，速度緩慢地點頭）可能會引起對方誤會，以為你想要終止對話。

✍ 九、適應性要強

「我們向來都是這樣做的。」「我一向都採用這種方式。」「這個嘛，就算他們不信任我，那也不是我的問題。」

噢。光是寫下這些破壞關係的話，就讓我覺得很心痛。建立關係並取得主控權的關鍵，就在於適應力。適應能力是指：能在一切新的互動中採取彈性的做法。多數人有自己偏好的處事方式，也有特定的交友習慣，而且會固守這些方法。但適應能力是溝通高手的基礎要件。如果你拒絕學習這項基本技能，就無法發揮潛能、達成目標。

自問：「我的適應能力夠不夠強？我能夠在自己的方法無效時，修正我的行動嗎？」誠實地面對自己。如果你適應力不夠強，從今天開始，就要站在別人的立場去設想。磨練這項技巧，會讓你的新式身體語言大有進步。

十、不斷移動

你希望能在彼此第一次見面時，就留下彷彿已經認識一輩子的印象嗎？那就把見面時間分為幾個階段，每個階段都到不同的地方去。每當我們與別人前往某地時，我們會將每個地點視為一段嶄新的體驗，而累積這種體驗會讓人有彼此已經認識很久的感覺。因此，第一次約會時不要固定待在同一個地點：先到一個地方吃晚餐，再到另一個地方吃點心，然後再換個地點喝杯飲料。如此一來，幾個小時感覺就像好幾年（就好的方面來說）。

汽車經銷商們深諳此道：他們會先在車廠與你碰面，討論一下車子的性能；接著他們會帶你到大廳，讓你稍候一下，然後帶你去試駕；等到他們回到辦公室跟你談價錢時，你們已經去了四個不同的地方，感覺好像你已經考慮了好一段時間（也因此你會更有信心買下來）。

想要討好客戶嗎？那就跟他約在外面吃午餐，然後帶他到處看看你們的公司，最後在會議室中結束會面。但要注意，你在每個地方都有花上足夠的時間來建立關係。如果不這樣的話，你會看起來行色匆匆，像在趕時間一樣，或是覺得無聊才想要換地方。想像一下電影的蒙太奇式剪接手法：每一「段」都要播放夠長的時間，讓觀眾明白發生了什麼事，但又不會快到讓你忘掉影片主軸。

現在，坐下來稍微消化吸收一下。當你準備好時，我們就要開始第一天的練習了。

第一天的功課：練習觀察基線行為

你的七日課程現在正式開始！今天的課程，是未來幾天的基礎。每一天的課程結束時，我都會納入一些練習；有些練習你可以在外出時進行，有些則可以窩在床上進行。每天都要混合進行幾種不同類型的練習。當你完成每項練習後，花五分鐘時間回答以下這個問題：「這項計畫如何幫助我獲得人生中渴望的一切？」

你在未來一星期會不斷用到今天學到的技巧，而我也希望你在未來的人生裡會一直用到。如你所知，無論是針對他人的行為還是你自己的行為，認識身體的基線行為，是新式身體語言的基礎。以下的練習，將有助於你對自己的身體語言建立更全面的理解。

▼**做筆記**。你今天的第一個任務，就是找出至少三種完全不同「類型」的人。針對以下三

種類型，找出至少一個符合的人：害羞、有影響力且自信、傲慢且具侵略性。經過觀察以後，在你的身體語言成功日誌中，簡單畫出你找到的每一種類型的人。現在，使用「頭兒、肩膀、膝、腳趾」的方式，檢視每個畫中人。在相關部位旁寫下一兩個觀察心得，例如：「頭往後仰，鼻子微微朝上，肩膀向前垂傾，臀部擺向左方，手扠腰，兩腳分開。」你可以寫下許多細節，但要限制自己對每個人的觀察時間只能有二至十分鐘（這是標準的定位時間長度）。一旦完成了紙本功課，往後一整個星期都要持續觀察，只是不用寫下來。常練習這項課題，你就能不自覺地這麼做，而這就是我們的目標。

▼**精進你的觀察藝術**。這項技巧取材於紐約市警局、聯邦調查局、民防部隊（National Guard）及紐約佛利克博物館（Frick Collection Galleries）共同開發的訓練計畫，而且這項觀察技巧已經提升了上千名探員與員警的能力，幫助他們在描述犯罪現場、扣押嫌犯與約談時，注意到更多相關細節。（身體語言威力團隊的成員告訴我，這是他們最喜愛、也最有幫助的練習之一。）

如果可能的話，請你拜訪附近的博物館或畫廊，利用三十分鐘的時間觀察一幅畫。注意所有細節：這幅畫的主題是誰或是什麼？次要主題？這幅畫的創作背景：是藝術家的個人興趣？還是為了賺錢？是為了反映社會？還是要腦力激盪、揭露真相、創造美感、抗議司法不公，或讓某事某人名垂千古？這個目的又如何影響了這位藝術家？花些時間鉅細靡遺地表達這幅畫的種種元素，鍛鍊自己在其他情境下也能像這樣注意細節。

▼**了解別人對你的看法。**影印第一章「身體語言信心指數」的測驗，並請三個人來評量你。將他們的答案當作是對你的幫助，而非評斷。如果他們的答案與你的大相逕庭，請找出原因。詢問他們，但不要試圖改變他們的看法。你的身體語言大改造與他們無關；這是關於你，以及別人如何看待你。

▼**使用魔鏡。**站在一面全身鏡前；如果你家沒有全身鏡，只要是一面大鏡子就好。

● **第一階段：變小**

步驟一：閉上眼睛。

步驟二：回想你緊張、沮喪、擔心或害怕的時候。回想那個情境、當時你的感受、你所看到聽到的，以及你所做的事。

步驟三：張開眼睛。觀察你的身體語言、臉部表情、姿勢與其他顯著改變。你有沒有發覺自己變小了呢？（手放口袋，肩膀垂垮，雙臂交叉或雙腳緊閉。）

● **第二階段：墊起腳尖**

步驟一：再次閉上眼睛。

步驟二：想想你覺得滿懷希望與興奮的時候。再一次，讓自己回到當時的情境，盡量回想當時的細節。

步驟三：張開眼睛注意你的身體語言，此時的你看來如何？你的頭有沒有抬高，你是否正面帶笑容？

● **第三階段：變大**

步驟一：放鬆並閉上眼睛。

步驟二：回想你感到自信與胸有成竹的時候，你知道自己會贏得勝利，你知道沒人能阻擋你。你完成了自己都感到驕傲的事。

步驟三：注意你的身體語言，你有沒有覺得自己變大了呢？（抬頭挺胸，手扠腰，兩腳站得更開。）

下次當你身處令你不安的情境時，就將你的身體動作轉換成對應你感到興奮或自信時在鏡中看到的身體動作。這些細微的身體變化，會改變你的態度。

▼**成為你自己的實境秀主角：**今晚，無論你身處何處，都把攝錄影機帶著。首先，把攝影

利用網路練習觀察技巧

上 YouTube.com 網站搜尋以下這些人的影片：

- 主持名嘴強尼・卡森（Johnny Carson）、大衛・萊特曼（David Letterman）與傑・雷諾（Jay Leno）。
- 演員克里斯・洛克（Christ Rock）、羅賓・威廉斯（Robin Williams）與雷・羅馬諾（Ray Romano）。
- 歌手法蘭克・辛納屈（Frank Sinatra）、麥可・傑克森（Michael Jackson）與麥莉・西拉（Miley Cyrus）。

每次收看一組影片，觀看每組中每個人物的幾段短片。用「頭兒、肩膀、膝、腳趾」的觀察流程，注意他們彼此不同的習慣動作：他們的雙腿是否交叉（在與不同的人互動時動作是否也不同）？他們站著時兩腳的間距？他們在說話時如何運用手勢？他們聲音的抑揚頓挫有何不同？指出每個群組間至少三種不同的習慣動作。

機放在架子上或你會忘記它在哪裡的地方，然後拍下你自己的動作表現。至少拍攝兩個小時（即使你只是在看電視）。接著，在就寢之前，用快轉模式，觀看影片三次。每次觀看時，都要注意自己的基線動作是否不同。你是否坐著時會蹺腳？你在思考時是否會皺起眉頭，或無聊時會咬嘴脣？你的腳是否抖個不停？你是否會玩自己的指甲或彎起腳趾？你的身體姿勢又是如何？把你的觀察心得寫在身體語言成功日誌上。

▼**採用五／十五法則**。恰到好處的碰觸可以產生強烈的效果。碰觸是調情與約會中最令人享受的動作之

一，實驗顯示，即使是最短暫的碰觸，也能對關係產生巨大的影響。舉例來說，在求助或問路時，如果伴隨輕輕碰觸手臂，會得到更好的結果。

有一項好用的打情罵俏法則，就是在十五分鐘內碰觸對方五次。以下教你如何在與他人相處時，使用五／十五法則。

第一次碰觸：握手。

第二次碰觸：研究對方的手錶或袖釦，並握著他的手說類似這樣的話：「你的手錶真好看！時髦又有型。我哥剛好也想要一支好的手錶。你在哪裡買的？」

第三次碰觸：當他說了什麼有趣的話時，輕輕觸碰他的上臂說：「你真風趣。（然後說出他的名字。）」

第四次碰觸：在他下一次表達看法時，再做一次「你真風趣」的碰觸，不過不要說話，只要微笑就好。

第五次碰觸：輕輕抓起他的手臂或觸碰他的手說：「我要告訴你一件有趣的事……」

▼**練習認真聆聽時的頭部動作**。在你與人交談時，試試以下各種點頭與側頭的方法。

一、在傾聽時露出微笑並將頭側向一邊，**但不要有任何點頭動作**。注意情況會如何發展。說話的人是否開始覺得不自在？

二、現在將頭微傾至一邊，並在對方說話時簡短點一下頭。這時又會如何？

三、現在試著把頭側向一邊並點兩下。說話的人是否開始加速對話？

四、最後，點三下頭，或是很慢地點一下頭。（注意：你自己在做這種點頭動作時，就會感到不舒服！）

上述實驗將有助你在約會時，或者是與老闆、孩子、法官互動時，決定該用哪一種點頭方式。你可以全都嘗試，並看看哪種方式對哪些對象有效。

第2天

精通肚臍法則

我們肚臍朝向的方位，反映出我們的態度，也透露了我們的情緒狀態。當我們突然將肚臍朝向一扇門或出口，或者乾脆將肚臍轉離某個人時，我們就下意識地傳達出想要結束對話、甚至想要離開這場互動的訊號。

在人們回應問題時，他們的行為比話語更值得相信……留意行為模式而非說話內容。

——非言語溝通先驅艾德華·霍爾（Edward T. Hall, 1914-2009）

我朋友吉米有個綽號叫做「鼻子」，因為他總是有辦法嗅出文件是不是偽造的，或者櫃子裡是否藏了非法爆裂物，諸如此類。吉米目前擔任美國財政部所屬菸酒稅務貿易局（Alcohol and Tobacco Tax Trade Bureau）的資深調查員，他有著精準識人的本領。當其他調查員還在花時間與嫌犯建立關係時，他早就已經取得犯罪口供了。最近吉米正要約談一個洗錢案的嫌犯。在毫無預警之下，他和他的隊友一大清早就到對方的辦公室去。他們在談話時，嫌犯就坐在桌角，面對著吉米。

談話進行間，吉米注意到嫌犯的身體開始轉離他。他把身體轉向右邊，而且上半身漸漸弓了起來。吉米說，要不是嫌犯把身體拱成一種看起來極不舒服的姿勢，他也不會問道：「老兄，你何不把藏在口袋裡的東西拿出來呢？你幾乎要趴在你的大腿上了，還指望我沒有注意到！」

嫌犯居然大笑，跟著從口袋裡拿出一疊共約四千六百元的美金現鈔。與吉米一起在現場的菜鳥調查員後來說，他覺得自己好像身處警匪影集中，他很訝異吉米竟然這麼快就能發現嫌犯口袋裡的東西。「這都要歸功於身體語言，」吉米告訴他，「嫌犯一直試著讓肚臍避開我，這就是個偵測點。我要做的就是，除了注意他說的話，更要注意他的身體反應。」

小小的肚臍透露出許多個人的想法與感受，特別是我們對某個場合是否感興趣，是否想要待在那裡。現在就讓我們來看看「肚臍法則」(Belly Button Rule)，以及如何運用這個法則在短時間內獲得寶貴資訊。

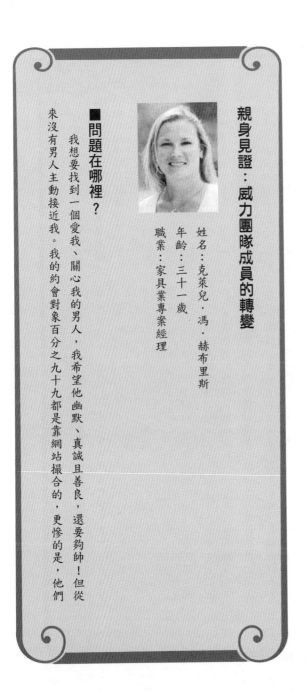

親身見證：威力團隊成員的轉變

姓名：克萊兒．馮．赫布里斯
年齡：三十一歲
職業：家具業專案經理

■問題在哪裡？

我想要找到一個愛我、關心我的男人，我希望他幽默、真誠且善良，還要夠帥！但從來沒有男人主動接近我。我的約會對象百分之九十九都是靠網站撮合的，更慘的是，他們幾乎沒再約過我。我好像是那種「只能約一次」的人。我很想知道自己透過身體語言到底發出了什麼訊號，因為每當我心情正好時，朋友和陌生人經常以為我在生氣、沮喪、無聊、繃著臉或提防著誰。

■改變與進展

身體語言的改造確實改變了我的人生。我更加了解自己。現在我才知道，難怪那些約會對象都沒有再約過我，因為我說的話和身體所傳遞出去的訊號，根本不一致嘛！我說話的口氣像個坦率自信的女性，但我交叉著雙手和雙腿，加上銳利的目光與一些小動作，卻傳達出相反的訊息。現在我更留意自己面對的是什麼樣的場合，讓對方知道我在與他說話時，是專注且認真的。而肚臍法則讓我對溝通更有自信也更感興趣，同時也較能抓住對方的注意。當我將肚臍朝向對方時，他們更容易被我說的話所吸引。

現在，無論是在公司、機場、約會還是上電視時，我都更注意身體語言。我所學習的「約會守則」，對生活的其他層面也產生很大的影響，尤其是在工作上面對客戶與廠商的時候。如今我散發出更自信的身體語言訊號，顯示出我準備充足、專注且專業。人們可以看得出來我是認真在談生意，也會聆聽我的需要，而且願意幫助我。

精準識人：看肚臍法則如何奏效

我們與另一個人類個體首次產生連結的地方，就是位在身體中央的那一小圈疤痕。無論是美國亞特蘭大市的生意人、還是新幾內亞的部落土著，每個人的身上都有這個記號。然而這個藏汙納垢的可愛小窩所擁有的力量，可是比你想像的要大上許多！

肚臍法則的概念，最早出現於詹姆士（W.T. James）在一九三〇年代的研究中。詹姆士透過一連串的試驗，讓受測者觀看一系列的人物照片，從各種不同的姿勢中辨識出將近三百五十種義涵。而藉由這些實驗，詹姆士發現：身體的方向能夠顯示出一個人對某件事的興趣高低。以肚臍為觀測點，詹姆士將肚臍的指向分為四大類：正對（展現興趣）、轉向（興趣缺缺）、擴張（興趣提高與自信）、收縮（緊張且興趣稍減）。大約三十年後，梅拉賓博士（Dr. Albert Mehrabian）進一步開展了詹姆士的研究，證明肚臍的方向是解讀個人意圖的重要指標。從那時候開始，各式研究如雨後春筍般出現，也更加確定了肚臍法則是判別個人興趣與意向最精準的方式之一。

我們肚臍朝向的方位，反映出我們的態度，也透露了我們的情緒狀態。當我們突然將肚臍朝向一扇門或出口，或者乾脆將肚臍轉離某個人時，我們就下意識地傳達出想要結束對話、甚至想要離開這場互動的訊號。在運用身體語言時，肚臍法則是最精準的工具，讓

在會議室中運用肚臍法則，能揭露更多權力鬥爭的內幕消息。

我們無須透過話語，就可以解讀並影響對方。多數人不知道肚臍法則，也不懂得要如何掩飾自己這方面的身體語言。因此一旦你學會了應用此法則，識人精準度就會跟著飆升。

➤會議室中的肚臍法則

肚臍法則在商場中極具效用。舉例來說，假設你們圍坐會議桌，正在討論工作策略。當你們討論到營收數據時，突然間你看見一位同事將她的肚臍轉向其他地方。這個動作可能顯示一種隱藏的情緒、不同的意見，或者她對此主題興趣缺缺——這給了你極佳的偵測點。

肚臍法則也能協助你判斷某個人對你的忠誠度和敬重。在以上這張照片中，注意一下肚臍是如何與表情手勢訴說著完全不同的故事。

在這場會議中，有些人的肚臍朝向會議主席（正下方那位男士），而其他人的肚臍則轉向會議桌另一頭的女士。無論每個人的臉朝向哪裡，肚臍的方向顯示他們的興趣（或忠誠度）各有所屬。會議上的許多人都把肚臍面向坐在主席對面的女性經理人，因此我們可以推測她才是這群人的真正領袖。請注意這位女性經理人的肚臍直接面對著會議主席，而且身體姿勢是往前傾的，這暗示著一種對立。而會議主席的身體往後靠，他的肚臍是朝上的，這個動作表示他對自己的會議漠不關心也沒什麼興趣。

肚臍法則是職場求生的首要法則

警告： 若想避免每逢星期一就一肚子火，最好的辦法，就是一開始就走對路，將肚臍朝向老闆以打好關係。根據印第安納州大學的研究，與老闆關係融洽可以大幅降低憂鬱症與職場上的其他精神問題。《工作與壓力》（*Work and Stress*）期刊上有篇研究發現，無論在哪裡工作，員工與老闆關係的好壞，在他整體幸福程度中所占的比例，幾乎等同於與配偶的關係。即使是親切的同事或高報酬的工作，都無法彌補員工與老闆的不良互動。

酒吧裡的肚臍法則

肚臍法則在社交場合中也非常管用。如果你能夠辨識出某個人是真的對你有意思，或者只是在故作姿態，你就能省去許多時間和事後猜測。我永遠也忘不了我朋友亞曼達求我陪她去相親的那一晚。我們怎麼做呢？由我混在酒吧的人群裡，暗中觀察她約會對象的身體語言。我非常樂意為她排憂解難，而且為了讓遊戲更好玩，我們說好了，如果有什麼狀況，我就用手機簡訊發出「紅色警戒」四個字給她，她收到訊號後要馬上到洗手間與我會合。

當晚出現了一堆紅色警戒，而且都與肚臍法則有關。在亞曼達的例子裡，她並沒有注意到對方肚臍所發出的訊號。對方需要一些空間，而且他的肚臍正叫著「我不舒服，我想擺脫這場對話」。我建議亞曼達重新調整身體姿勢，拉出一些距離，給這個男的一些空間。如果她了解肚臍法則，就不會需要我這顆隱形的電燈泡了。

讓我們來解讀左邊這張照片。

照片中這位女子的臉朝向左邊的男性，但她的肚臍面對著右方的男子，因此她可能對右邊的男子更有興趣。但如果右邊這位男性不懂得肚臍法則，他可能會因為她「沒有看著他」而產生誤解，甚至感到洩氣。而這位妙齡女子也藉著運用兩種相反的身體語言訊號，營造出一種曖昧的氣氛，讓她保有選擇權。（見P.121「運用肚臍法則營造曖昧氣氛」）

中間的女子正對著左邊的男人說話，但肚臍法則顯示她感興趣的其實是右邊這個男的。

另一方面，如果你正想要加入別人的對話，請先檢視一下他們的肚臍方向，評估他們的接受程度。當兩人的肚臍正面相對時，表示他們想繼續保持只有兩人的談話。反過來說，即使兩人面對面，但如果彼此的肚臍都朝向不同的方向，就表示他們願意開放讓其他人加入交談。

運用肚臍法則與青少年相處

肚臍法則這門技巧特別適用於容易撒謊的族群：青少年。如果你在十五歲兒子的抽屜裡發現香菸或保險套，你會怎麼做呢？當你質問他時，他多半會一問三不知，或者把責任推給別人。（媽，這不是我的，我不知道這些東西

七秒戳術 7 肚臍法則

問題：注意左邊照片中的媽媽，她讓自己的肚臍轉離她的女兒，而女兒也以「臍人之道還治臍人之身」，把肚臍朝向另一個方向。想像一束光從這兩人的肚臍發射出去，這兩道光永遠不會有交集，因為它們各自朝不同的方向前進。

解決：將你的肚臍對準對方的肚臍，就能通往坦誠、尊重與有力的溝通之道。

從哪兒冒出來的！）當他的肚臍朝向一個方向，但眼神卻迅速瞥往另一個方向，例如抽屜、衣櫃、房門或可能藏匿問題物品的任何地方，這時你就要注意了！緊張的青少年會將背部朝向他們想要保護的物品，就像母獅保護幼獅一樣。如果他拒絕將肚臍朝向你找到犯罪證據的抽屜，這其實就已經是某種程度的招認了。另外，在與青少年相處時，還有一種常見的情況是：當你質問他是否說謊時，要注意他的肚臍有沒有突然轉向門口——這可是個大線索，顯示背後大有文章，因為說謊的人都習慣把身體朝向出口。

肚臍法則不僅是極佳的測謊器，也是情感的測量機，還可以幫助你拓展個人與職場上的人際關係。接著就讓我們來談談，你可以把這個新學到的肚臍智慧運用在哪些地方，以便更有效率地表達你的想法。

應用：不要讓肚臍朝天

當周遭的人需要一點空間，或想脫離當下的情境好喘口氣時，你有沒有注意到呢？你有沒有留心他們的肚臍指標呢？當你看見他人的肚臍突然轉離你時，你要如何換檔追回它？你自己的不安又如何呢？你有沒有意識到自己正用肚臍發送出不安的訊號？你的肚臍是否正在說：「我想閃人了！」或者它像燈塔一樣對著每個人閃爍：「來跟我說話吧！」

肚臍法則能夠幫你收聽到自己以往感受得到卻辨識不出來的直覺訊號。這項工具有效、容易使用，而且是建立第一印象的重要基礎。你的一生都在使用肚臍法則，即使在你渾然不覺時也是如此；現在該是讓它為你效力的時候了。實際檢視後，你會發現光是改變肚臍的朝向，你就可以改變他人的心意。

在第一次接觸時運用肚臍法則

前美國總統柯林頓是出了名的社交高手，他知道如何使對方感到愉快、放鬆並對他敞開心胸，即使雙方接觸的時間非常短暫，他也有辦法達陣得分。他是怎麼做到的呢？這全

柯林頓總統可是肚臍法則大師，使用肚臍來表達興趣和贏得信賴。(Photo by Getty Images)

都跟一開始的自我介紹有關。無論何時，當柯林頓遇見新朋友，即使對方只是人群中的一角，他也會運用肚臍法則。看看上面這張照片。

柯林頓與挪威政治人物斯韋恩・盧德維格森（Svein Ludvigsen）握手時，將肚臍正對著他。這位前總統向來如此，他會讓自己的肚臍面對與自己握手的人，堅定地握著對方的手，面露溫暖的笑容。他最厲害的高招是這個：在他放開對方的手轉向下一個對象之前，他會再與對方多做一秒的目光接觸，彷彿在說：「我真不想讓你走。」即使面對著一長列的歡迎隊伍，他也堅持在將手移往下一雙手之前，把肚臍法則運用在眼前的互動中。

有意思的是，他的妻子美國國務卿希拉蕊似乎恰恰相反。

在以下這張照片中，希拉蕊正與前來華盛頓國會大廈廣場參加集會的群眾握手。

這是希拉蕊的招牌握手方式。在一列長長的歡迎隊伍中，她通常採取輕柔的握手方式，右手握著一個人，左手又與另一個人握手。注意一下她的肚臍，並未朝向等待與她握手的女子，好像她只是剛好經過，甚至連個目光接觸都沒有。

現在，在你看過這兩種模式並了解這些人給人的觀感之後，你有沒有想到自己的身體語言有哪些地方可以改進呢？熱情的握手加上肚臍法則的運用，

美國國務卿希拉蕊似乎還沒有精通肚臍法則。（Photo by Getty Images）

能讓你快速拉近彼此的距離，建立起好相處的形象。而不冷不熱的握手，再加上肚臍朝向其他方向，基本上就等於冷落眼前的人——同樣地，若刻意運用這一招，也具有相當的效果。

運用肚臍法則來「冷落」他人

直覺與常識告訴我們，當我們轉身並拉開自己與他人之間的距離時，就是在散發負面、不好的印象。我們常常是不由自主地做出這些行為。然而，一旦你意識到這種效果，你就可以用它來達成目的。當你把臉撇開冷落對方時，你同時也給了自己一個出口。這也會強化你想要離開當下情境的渴望，增強你的勇氣把它化為行動，這一招在你想要擺脫糾纏不休的推銷員或酒吧裡的好色之徒時，通常很管用。在某些情況裡，你甚至可以將這個技巧應用在家人身上，以找出真相。

運用肚臍法則吸出真相

肚臍不僅能幫你偵測謊言，還能幫你從別人身上吸出真相，讓對方乖乖配合。舉例來說，在你和青春期的孩子溝通時，當他與你意見一致或說實話時，你可以將肚臍朝向他以表示讚許；當他說謊或有所隱瞞時，你就把肚臍轉離他。這種用肚臍法則來表達反對說謊與讚許誠實的策略，能在潛意識中激勵對方用更多誠實與聽話的方式來取悅你。很聰明吧？這就是肚臍法則的厲害。

✔運用肚臍法則營造曖昧氣氛

這裡有另一種對你有利的肚臍法則運用技巧。根據世界知名人類學家海倫・費雪（Helen Fisher）的研究，人們會對神祕的人感到興奮，因為神祕感會觸發多巴胺（dopamine）的分泌，這是人類腦中的一種天然激素，能讓我們感到興奮。既然你知道了肚臍法則的厲害，就能雙管齊下，讓自己具備難以抗拒的魅力。

當你遇見心儀的對象時，先檢測一下你們的肚臍有沒有對準彼此。如果有，你就可以確定對方也對你有意思。假設說你想要更加吸引他，那麼過一會兒，你就把肚臍稍微移開你的新朋友，朝向更開放的位置，但保持微笑，甚至再加些身體的碰觸。這種相反的訊號會製造出些許曖昧氣氛，讓你的朋友渴望重建肚臍連繫。

不論是在職場、家庭、外出享用午餐或任何地方，你都要開始留意人們的肚臍（不只是那些與你交談的人）。仔細觀察別人之後，你就可以進行自己的肚臍測試。當你面對某個人並將肚臍正對他時，你是否覺得彼此的關係更密切？或者當你敞開肚臍，讓其他人加入對話，會讓你覺得比較自在？哪一種肚臍姿態讓你更有自信？哪種姿態會削弱你的自信？

在你與他人交談時，改變肚臍方向，看看這麼做會如何影響對話。對方是表現得更感興趣呢？還是變得意興闌珊？這麼做會改變氣氛嗎？你與對方是否依然相處融洽？注意觀察你所採取的行動，以及所得到的結果，並繼續累積這方面的知識。

第二天的功課：精通肚臍法則

記住，肚臍法則是最有力的身體語言之一；它會在短時間內幫助你迅速進展，在職場上得心應手。運用肚臍法則，你就能解讀別人未說出口的想法，同時更加專注在你自己的談話上。在第二天的計畫中，至少選擇以下任兩種練習來進行。當你發現肚臍法則在你的日常生活中發揮功效時，往後碰到狀況時，你就能夠自動施展這套技巧了。

▼**找出肚臍基線。**觀察三個人（可能是你昨天才找出他們的基線行為的人）。他們在與人互動時，肚臍都朝向哪裡？雖然他們一句話也沒說，但他們的肚臍透露出什麼訊息？翻閱你的相簿，照片中你朋友、家人、昔日隊友的肚臍都朝向哪裡？把這些分析都記錄在你的身體語言成功日誌中。

▼**扭腰擺臀一番！**報名住家附近的肚皮舞課程，開始與腹部的三組肌肉建立關係：它們分

別是橫隔膜（位於肚臍與肋骨之間）、骨盆肌（位於肚臍下方），還有斜腹肌（從兩邊骨盆垂直延伸至胸部下方）。如果你覺得自己在家練習肚皮舞比較自在，你可以上網下載拉丁歌手夏奇拉的音樂影片〈電動馬達〉（Hips Don't Lie），準備好扭腰擺臀一番！網路上到處都有教人跳肚皮舞的相關資訊。

▼**反向操作肚臍法則**。既然你已經了解我們的肚臍是如何互相吸引，那麼就來看看不遵守肚臍法則時會產生什麼效果。一天中，找個時間讓肚臍背對某人。想像一下你們就像兩個同帶負電荷的磁鐵一樣，強烈排斥著彼此。結果會如何？

▼**做些極端的肚臍測試**。如果你是一個極具冒險精神的人，就休個一天假去測試肚臍法則。試試雙人高空跳傘！我以前試過，而且我可以告訴你，雙人高空跳傘比起其他任何活動，更能測試出身體中心點肚臍的重要性。當你實際踏出飛機，感覺到自己正在隨風墜落時，你就能明白把肚臍朝向目標的重要性，還能知道身體的每個細微動作會如何讓你陷入窘境。如果你還沒準備好來個「大躍進」，可以在進行實際的跳傘之前先到高空跳傘模擬艙中練習。許多高空跳傘公司都會使用模擬艙來訓練學員，讓你體驗在高空中是什麼感覺。

第3天

調整下半身的姿勢

就像肚臍一樣，你的那話兒與下半身其他部位，也能顯示出你對特定人物與情境的興趣與厭惡。肚臍只有一個，然而下半身卻有一堆部位，包括臀部、鼠蹊、腿、膝蓋與腳，都可以透露出內心的訊息。

寧願當虎活一年，勝過當羊活百年。

——知名藝人瑪丹娜

我覺得自己在聯邦調查局的高牆內像個囚犯一樣。那是一九九八年的冬天，我志願加入為期八個月的聯邦調查局與菸酒槍炮及爆裂物管理局的合作小組，協助全國罪犯背景即時檢索系統（National Instant Criminal Background Check System）的審查員，了解槍炮相關的法律規定。雖然我任職於聯邦機構，也持有進入許可證，但是每一天，無論是在令人意志消沉的密室，還是前往影印室、傳真室、餐廳、甚至是洗手間，不論到哪裡，都會有人護送陪同。

我懷念以前工作時，被我視為理所當然的自由與尊重，而且跟同事時時都說得上話。許多聯邦調查局的同僚都把我當自己人看待，但合作小組的主管卻明白表示我是個局外人。我在這個新職位的多數時間，或者可以說，直到我「刑期」結束的前一天，我都覺得自己被排擠，時時坐在冷板凳上。但也是在那時候，我見識到整個單位的嚴肅氣氛對那些審查員產生的影響。

某天下午，在我即將要回到原來工作崗位的前幾週，所有合作小組的成員都被叫進一間大禮堂召開緊急會議。當每個人就定位之後，負責主持會議的經理就像一尊雕像一樣站在禮堂前面。他開門見山直接切入要點。沒有寒暄。沒有笑容。他面無表情地向大家扔出一個天大的壞消息！

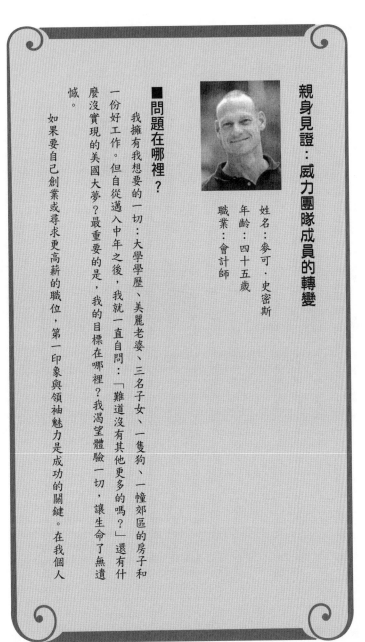

親身見證：威力團隊成員的轉變

姓名：麥可．史密斯
年齡：四十五歲
職業：會計師

■問題在哪裡？

我擁有我想要的一切：大學學歷、美麗老婆、三名子女、一隻狗、一幢郊區的房子和一份好工作。但自從邁入中年之後，我就一直自問：「難道沒有其他更多的嗎？」還有什麼沒實現的美國大夢？最重要的是，我的目標在哪裡？我渴望體驗一切，讓生命了無遺憾。

如果要自己創業或尋求更高薪的職位，第一印象與領袖魅力是成功的關鍵。在我個人的人際關係上也是如此。如果我能夠更懂得展現並解讀身體語言，當然就會有更好的人際發展。

■改變與進展

在我學到「淘氣部位法則」(Naughty Bits Rule)之前，我很習慣雙手交疊、像塊遮羞布一樣放在身體前面。我根本不知道自己正在發送「生人勿近」的訊號，甚至更糟，讓人以為我想隱瞞什麼事情。現在，當我發現自己正要把手放進口袋，或是做出遮羞布式的姿勢時，我就會改成把手勾在口袋上（在較輕鬆的場合），或是把手垂在身體兩側（在較專業、正式的場合）。我認為這個技巧讓我看起來更親切，人們更常接近我與我交談。不論是在所有人圍站著等待會議開始的時刻，還是在會議後輕鬆的閒聊時候，這個技巧都非常有用。

在身體語言改造前，我的生活很無趣，有時甚至覺得度日如年。媽媽的聲音就好像壞掉的唱片一樣不斷在我腦中播送著：「不要跟陌生人說話！」而現在我可以帶著學習到技巧，解讀人們的身體語言，自信地走進各種場合，不再害怕與陌生人交談。

總之，這門身體語言的七日計畫課程，就像為我的身心進行了一場無痛整型手術一樣。改造之後，世界成了我的遊戲場。生活充滿樂趣、精彩而真實。

「這個全國罪犯背景即時檢索系統的計畫有所改變，而這些改變將會影響到各位，」他宣布。有些人得要週末加班；有些人一週上班四天，每天十小時；有些人維持一週上班五天；有些人傍晚才開始上班，但要上到隔天清晨。

禮堂內瀰漫著緊張的交談聲，很多人舉手想要發問。有人叫道：「我已經做了其他安排，註冊了研究所，學費都付了。再過幾個月就要入學了。」

另一人叫道：「我是單親媽媽，不能上夜班。」

「我也是，」一位坐在我前排的女士低聲說著。

這位會議主席用一種機械式的口吻說道：「如果你無法配合新的工作計畫，那麼只好請你現在就遞上辭呈，」他粗聲地說：「在座的每個人都知道，外面還有其他好幾百人很樂意遞補你們的位置。」

哎！

我看著滿室一百多人緊張且不敢置信地猛搖頭。顯然大家都在納悶：「我的工作時間是哪一種？如果和實際生活無法配合該怎麼辦？」就好像波浪舞在滿是人潮的足球場上擴散開來一樣，人們一排又一排地開始擰著放在大腿上的手、交叉腳踝或蹺起腳來。

看到這些改變，我覺得很難過。他們的動作正是我們感到脆弱或個人價值及力量被剝奪時，身體語言會做出的典型反應：封閉自己，拒絕與人往來，下意識地要保護自己最重要的身體部位。當然，在身體各個部位中，最重要的就是我們的生殖器官，也就是我所說的「淘氣部位」。

精準識人：看看誰在閃著淘氣部位

我們就淘氣部位所採取的姿勢，無論是自信地指向前方，還是將它們藏在雙手、交叉的雙腿或蜷起的軀幹下，這些動作所代表的意義就跟肚臍指向一樣明顯。就像肚臍一樣，你的那話兒與下半身其他部位，也能顯示出你對特定人物與情境的興趣與厭惡。肚臍只有一個，然而下半身卻有一堆部位，包括臀部、鼠蹊、腿、膝蓋與腳，都可以透露出內心的訊息。

雖然淘氣部位與下半身能夠表達出多種意義的身體語言，不過它們的訊號可以分為兩個基本類型：關閉與敞開。當我們遮掩自己的淘氣部位時，看來就像是受到了威脅。當我們展露出它們時，身體看起來會更強壯、更有自信、更無懼。我相信你已經注意到，無論是在人類社會或是整個動物王國中，就身體語言而言，有件事是肯定的：我們在自信時會讓自己變得更大，當我們恨不得消失不見時會讓自己縮小。

藏起淘氣部位

我的良師益友尼爾是美國菸酒槍炮及爆裂物管理局的資深調查員，擅長以淘氣部位為判斷標準來偵測謊言。某次尼爾陪同康乃狄克州的消防局長前往當地一位爆破師的倉庫視察倉儲設備。（爆破師就是使用爆裂物來拆毀建築結構或鑿山破石的專業人士。）根據一些文件資料，尼爾發現這位爆破師雖然只擁有最多可儲藏五百磅爆裂物的倉儲空間，但是他在三個半星期內，已經採購了超過一萬兩千磅的炸藥。

一開始，當尼爾和消防局長到達門口時，這位爆破師的身體語言是很放鬆的，他的雙手自然垂在身體兩側，站立時兩腳間隔大約一步半的距離。他顯然不覺得有什麼好擔心的。然而，當他聽到尼爾是菸酒槍炮及爆裂物管理局的調查員時，他瞄了一下尼爾，雙手馬上轉為遮羞布的姿勢。他以右手握住左手手腕，將手擺在自己的鼠蹊部前面，兩腳間距大約縮小了十公分。

尼爾察覺到自己的出現讓這個人顯得極度不安，但他並未多說什麼，而是用身體語言展現出力量。他站得挺直，兩腳間距加大，下巴微微下壓，眼神銳利地看著那位爆破師。尼爾注意到對方也看著他，接著又快速地瞥了貨車一眼，然後又看回尼爾。「好吧，我還多放了一些炸藥在貨車裡，」他承認。三人走向貨車，發現了九百磅的炸藥違法藏在車上。

尼爾的耐心與展現出來的力量，讓這位爆破師節節敗退，每當尼爾問及是否還有其他爆裂物時，嫌犯會先遮住自己的鼠蹊部位，跟著態度軟化，又透露出幾百磅炸藥的流向。尼爾說，那就好像是電視影集《反恐二十四小時》的情節，只不過他沒有以酷刑逼問對方，而是耐心觀察嫌犯的身體語言以獲取真相。

一旦你注意人們是如何遮掩他們的淘氣部位或下半身其他部位時，你會驚訝地發現，很多時候人們以為自己掩飾得很好，但身體語言其實正叫喊著：「我好害怕！」而遮掩淘氣部位最常見的就是上述這個嫌犯所採取的姿勢：遮羞布式。

遮羞布式

沒有什麼動作會比遮羞布般的姿勢更能直接遮掩淘氣部位。在典型的遮羞布式的姿勢中，行為者會握住雙手（有時則是握住手腕），並將手直接放在褲襠或下腹的前面。你應該常在新聞照片、葬禮或其他正式嚴肅的場合中，看到這種姿勢。

在較不正式的場合中，遮羞布的姿勢暗示著嚴重不安與焦慮。人們通常都是直覺地做出這種姿勢，也許當他們認為要表現出尊重和認真時，這是一種預設的行動模式。不過許多人將這種動作解讀為恐懼與示弱。

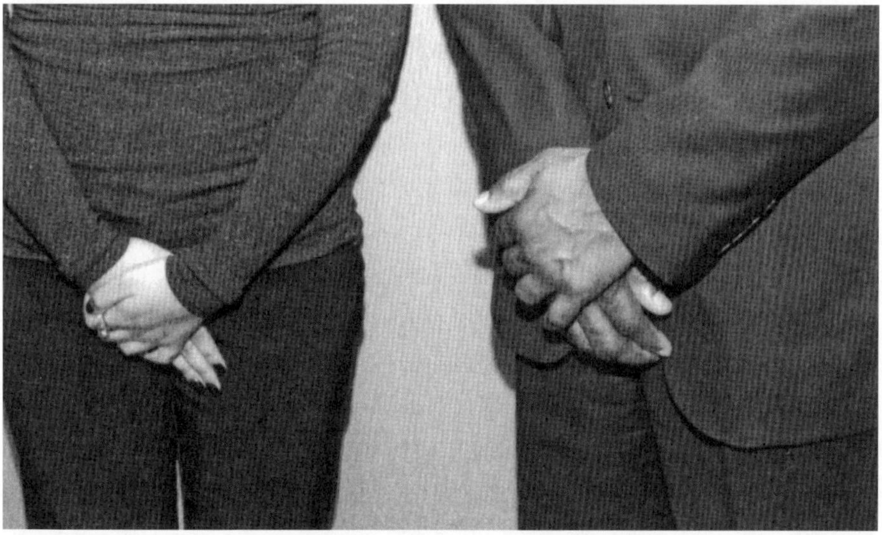

遮羞布式的姿勢通常顯示不安與焦慮。

✓手插口袋

美國海軍弟兄們要遵守的儀態標準之一，就是在身著制服時，除非是要把東西放進口袋或是要從口袋裡取出東西，否則不得將手插在口袋裡。相反地，這款伍迪·艾倫的正字標記姿勢，可是廣受害羞且缺乏自信的人喜愛。這些人可能以為把手放在口袋裡，就能掩飾自己的緊張。他們以為這麼做，看起來會更隨性或自信，因為如此一來雙手就不必做出什麼明顯或生硬的動作。但老實說，任何時候，當一個人掩飾自己身體的某個部位，尤其是像手這麼重要的部位時，人們就會認為這是一種緊張的表現。（順道一提：當你的手在口袋裡握拳時，別人是看得出來的，根本騙不了人。）

這種動作也被認為是一種觸碰自己的手勢，或像其他專家所說的，用來控制、安撫或調適的動作。我們通常不會注意到自己有這種動作，也就是用身體的某一部位（在這個情況下就是手）碰觸身體的另一部位（臀部側邊），而其目的通常是要在內心感受到壓力的情況下安撫自己。

➤交叉腳踝

每當我看到有人擺出這種姿勢時，我就會心想：**唉唷，快去上廁所吧**。這種姿勢會讓一個人，多半是女性，看起來像個厭煩得要命或深怕惹上麻煩的小鬼。這種姿勢會讓你看來很渺小、封閉，好像你根本無法兩腳著地。在商場上，這種動作常被解讀為表達歉意的肢體展現：「真的，我不想來煩你，我把話說完就會趕快走開。」

當你了解員工、顧客或小女兒的慣常行為模式，知道對方原本總是兩腳踩地，可是在話題轉到如期完工、漲價或基礎性教育時，對方卻突然間交叉起腳踝來，這時你就要特別注意了！沒錯，這時候他是在縮小並封閉自己的身體，不過也可能是因為他穿了新鞋，腳趾感到不舒服。因此，在你犯下身體語言的大忌進行讀心術之前，要先暫停一下。問問對方有沒有空跟你去散個步，你們可以到附近走走，並在走動的時候繼續交談。（活動身體的同時，也能讓心智活動一下，釋放蓄積的緊張能量。）回到公司時，觀察對方是否繼續出現雙腿或腳踝交叉的姿勢——應該不可能，除非這是他一貫的基線動作！

雙腳繞著椅腳

你是否曾經經歷過諸事不順、烏雲罩頂的一週？你可能不自覺地做出這樣的動作：用一隻或兩隻腳纏繞著椅腳。這種紓壓動作，常見於撲克牌賽局中，當某個人收到一副爛牌很想罵髒話，卻又怕洩了自己底的時候。這種動作也會出現在會議室、教室、餐館或求職面試中。

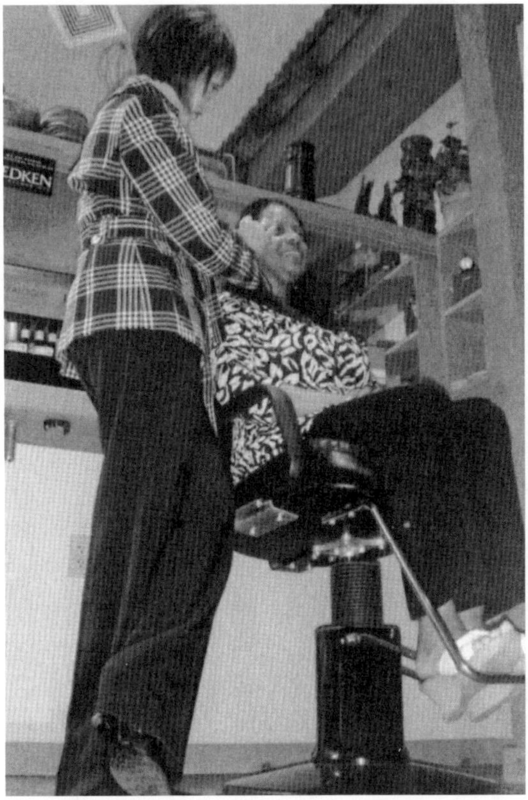

交叉腳踝可能會影響你給別人的觀感。

很多人認為，這種姿勢只是許多女性用來表達禮儀的一種腳踝交叉方式。但當某人把腳踝彎曲纏住椅子時，就跟在會議中咬筆蓋或捲起紙緣一樣；如果你需要一個支撐道具，就表示你已經緊張到不行了。用腳纏住椅子的姿勢，要不就是在大叫：「我好懊惱，真想纏斷椅腳！」要不就表示：「我好緊張，想要逃離這裡！」無論是哪一種，人們都會看著你，然後心想：「嗯，這個人真沒自信。」

下次當你注意到自己做出這個動作時，提醒自己：「放開，不可以這樣！」不過這種姿勢有個正面功用：當你覺得自己快要大發雷霆，對某人飆出惡毒的話語時，趕快找個位子坐下，把一隻或兩隻腳纏在椅腳上，想想讓你開心的三件事，重新整理一下情緒。

▼暗中進行式

這種看似聰明實則膽小的動作，就是將上臂向前靠著桌子，淘氣部位隨著椅子向後退隱，或者用外套、筆記型電腦、不易引人注意的方式，如雙手交疊放在大腿上，來掩蓋淘氣部位。這種遮蓋淘氣部位的聰明方法，若非受過訓練的人，通常看不出來，不過這個動作還是缺乏力量與權威感。然而，如果你緊張到不行，我寧願看到你拿外套蓋住大腿，而不是雙腳抖個不停、腳踝交叉或纏住椅腳。訣竅是：給自己一個時限，不要一直關住淘氣部位。我的經驗法則是，你只有九十秒的時間，然後就掀起蓋頭、放鬆並敞開淘氣部位。

✓用數字「4」的姿勢展現淘氣部位

數字4的姿勢，就是蹺二郎腿的姿勢，這麼做能夠突顯淘氣部位，但會給人封閉的印象，因此我把它歸類在此。

其他因素也會影響這個姿勢如何被判讀。例如腳趾指向的方向，可能代表你的注意力與興趣正朝向某個特定目標；如果你坐著時雙腿動來動去，可能表示緊張。數字4的姿勢是一種最無定論的淘氣部位展現姿勢。為了讓你明白這種蹺二郎腿的姿勢可能代表的隱含訊息，我把一些學生們對它的形容詞列舉如下：好爭辯的、自大的、封閉的、自信的、防衛的、主導的、所有姿勢中看來最不專業的、冒犯人的、權威的、無禮的、頑固的、年輕活力的。

蹺二郎腿可能代表緊張、缺乏彈性、無禮或權威；視情境與個人慣常行為而定。

如果你看到某個人擺出數字4的姿勢，你就知道基於觀察者的不同，解讀出來的義涵也會有好幾種，因此最好不要妄下定論。為了安全起見，特別是在互動結果將取決於良好第一印象的情況下，我建議無論男女都不要採取這個姿勢。如果你是男性，只要雙腳踏地，保持約三至四個腳掌寬的距離，展現你的淘氣部位，傳達有力的訊息。（女士們可要謹慎了，絕不要招搖淘氣部位來達成目標，比較好的方式是採用權力手勢來贏得敬重與專業印象。這點我們將在第五天的課程中有更多討論。）

不管採用哪一種腿部姿勢，記得要先了解對方的基線行為。如果對方在對話開始時，雙腳平行踏在地上，但在討論過程中突然轉變為蹺二郎腿的姿勢，或做出遮羞布和其他遮掩淘氣部位的姿勢，這種轉變就是另有隱情的強烈暗示。

如果常常做出隱藏淘氣部位的姿勢，注意了：這種姿勢會逐漸削弱你所展現出來的自信。人們可能會認為這些姿勢反映出你平時的內心狀態，因此將你視為內心軟弱的人。不要採用這些姿勢，因為它們可能會讓人認為你很好欺負。

炫耀淘氣部位，則是全然不同的姿勢。大家都給我聽好了！

炫耀淘氣部位

你的淘氣部位就像歌手艾爾頓・強（Elton John）或是雪兒（Cher）的行頭一樣，抓住了眾人的注意力，甚至連低票價區的觀眾都看得到。擺好淘氣部位，讓它能夠吸引別人的目光，代表你的自信與權力，彷彿在宣告著：「看看我這裡有什麼好東西！」一旦你注意淘氣部位如何產生效果，你就會看到這些身體訊號無所不在：無論是蹺著二郎腿、蹺腳、兩腳距離與臀同寬的站姿（以下我們會細談），或是以手或大拇指指向淘氣部位的站姿。

現在，基於前述反對隱藏淘氣部位姿勢的論點，你可能認為，要擺出自信、展現淘氣部位的姿勢才對，是嗎？這個嘛，對也不對。如果你遇到一個男的像個脫衣舞男一樣不斷將臀部向前頂，你會比較想告他性騷擾，而不是跟他要電話號碼。淘氣部位發揮效果的重點，在於巧妙展現力量。

展示胯下

當男性感到自信的時候，他們會用我稱為展示胯下的方式，閃耀他們的淘氣部位。這種展現方式，有時能發送出權力與自信的訊號（衝勁十足的人通常很愛用這一招），有時則散發出封閉與爭辯好鬥的訊號。

你到酒吧小酌時，可能有看過某位男子兩腳張開，跨站在某個女子面前。這種姿勢再清楚不過了：他顯然正在標示地盤。不過如果你不確定他的淘氣部位所發送出來的訊號，那麼就看看他的腳。腳部總會朝向我們感興趣的方向，與肚臍法則及淘氣部位結合之後，你甚至不用開口，就能可靠判定對方對你有多大興趣。但如果你只能看出一個訊號，那麼想要分辨某個男的對當下的情境感受如何，最簡單的方法就是檢視他的淘氣部位。（我作夢也想不到我會在書裡寫出這種話！）

一腳抬起展現淘氣部位

當男人或女人將一腳抬得比另一腳稍微高一點，同時讓淘氣部位朝外時，會使他們看起來特別顯眼。這種姿勢顯示，我們就自己站著的地方，掌握了所有權與主控權，無論該處是酒吧的椅子、汽車保險桿、還是別人坐著的台階等等。展現「所有權」是支配他人、談判占上風，或在激烈爭論時壓倒對手的關鍵要素。

另一方面，靠外側的膝蓋提起，使淘氣部位轉離人們朝向牆壁，通常表示渴望隱私，或對弓起的那隻腿另一側的人沒什麼興趣。

展現大拇指

小嬰兒要不是吸吮著大拇指，要不就是將大拇指縮進拳頭裡，這是因為他們想保護或安撫自己。大拇指是你自信指數的重要指標。當你將手放進口袋裡時，又會發送出什麼樣的訊息呢？

許多名人與世界級領袖偏好用大拇指展現比自信、權勢與力量還要更強的訊號——散發出自己高人一等的信息。約翰．甘迺迪（John F. Kennedy）隨時都在運用他的大拇指。而在今日，熟男演員派屈克．丹契（Patrick Dempsey）、鄉村音樂歌手提姆．麥克羅（Tim McGraw）、主持人萊恩．席克斯特（Ryan Seacrest）、電影明星約翰．屈伏塔（John Travolta）、布萊德．彼特（Brat pitt）與珍妮佛．安妮斯頓（Jennifer Aniston）都是如此。

注意那些把手放進口袋裡，但總是把大拇指亮在外頭的人，那是獨立自主的強力展現。

如果你不想讓大拇指留在口袋外，可以改將大拇指放在口袋裡，而讓其他手指留在口袋外。這種牛仔式的動作叫做「掛鉤式」。我們

讓有力的大拇指發揮效用。

馬上要深入討論。

▼掛鉤式

掛鉤式，也就是將大拇指勾在皮帶、褲子或口袋上，這種姿勢可不適合膽小鬼。當大拇指掛在褲子前方的口袋時，就是在強調淘氣部位，他叫喊著：「你看到我的淘氣部位了嗎？」注意下圖A，單手掛鉤式的姿勢有多麼性感有力呢！

同時注意圖A的男子左腿微微抬起，這種組合姿勢是一種簡潔有力的力量展現。別忘了，當某人抬起一隻腳放在一位女子坐定的吧台椅、汽車保險桿或台階上時，某種程度上他就是在宣示對這個東西（或這個女子）的主權。也許你不排斥如此，但如果你察覺到這種組合動作，卻對眼前這個人不感興趣時，那麼我建議你在對方做出這個動作後，盡快表明你的感覺。如果你不想被「占有」，此時就是你將淘氣部位或肚臍轉離對方以化解誤會的絕佳時

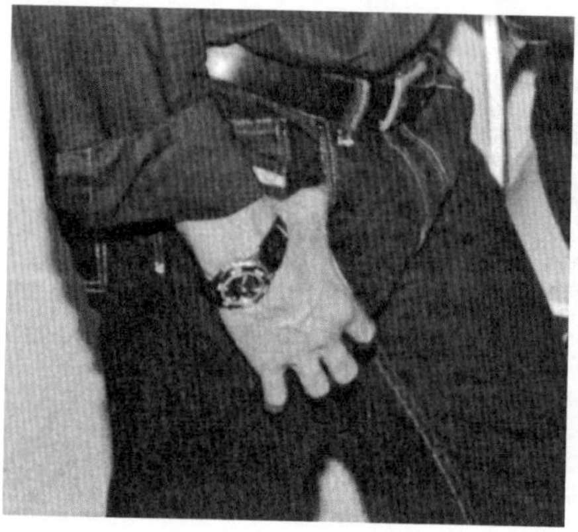

A

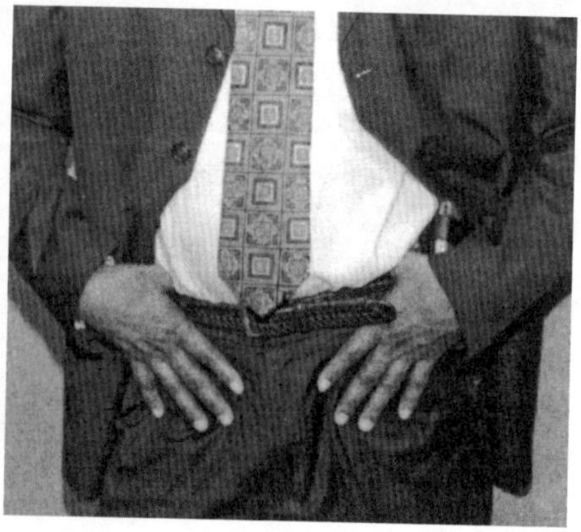

B

七秒7戰術
展現淘氣部位與下半身部位

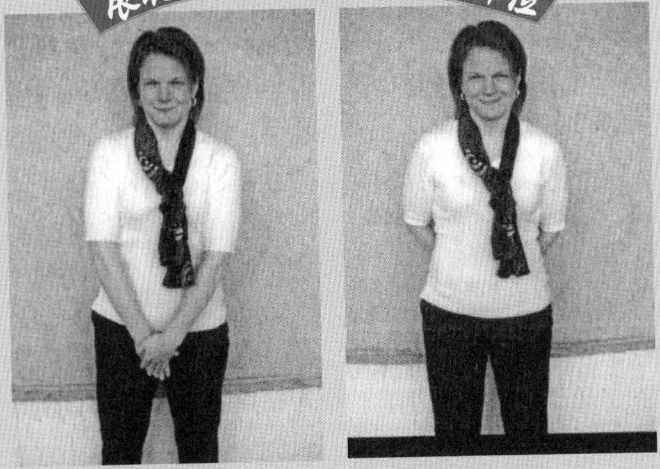

問題：如果你拿張紙把這位女子的下半身蓋住，會發現她的臉在兩張照片中看起來都差不多。但當你把紙移開後，就會看見右邊的她（展現淘氣部位的姿勢）比左邊的她（採用遮羞布的姿勢）看起來自信多了。

解決：如果你注意到自己做出遮羞布式的站姿，就把手放到背後。真的就這麼簡單，而且你會散發出自信且胸有成竹的訊號。

機。

掛鉤式的動作非常容易表現得過頭。看一下右圖B：看起來實在很不怎麼樣。這是掛鉤式的失敗示範。小子，手放下來吧。雙手擺出掛鉤式的姿勢，可能會發送出咄咄逼人、過度自信的訊號，趕走不想被你支配的人。如果你在觀察某個人的慣常行為時，看見他們散發出這種訊號，就要小心行事。你可能正面對著一個極度自信，甚至是自大傲慢的人。

順便一提，女士們要知

道：掛鉤式可不只是男性的專利。（別再想歪了！）你要是厭倦了自己的老樣子，無須衝出門買新衣服，只要穿上牛仔褲，把一隻手掛在褲子上的任何一個口袋即可（最好是前面的口袋，如此才能引人注意）。當一位女子做出掛鉤式的姿勢時，就是在發送膽量、自主與性感的訊號！

應用：不要隱藏，除非必要

「做好準備。製作兩張表，一張表寫上重要日期與資訊，另一張表列出你的資歷和資格。坐直，大聲清楚地回答問題。要保持目光接觸。盡你所能真誠地回答每個問題。只要陳述事實；法官與陪審團會決定你的證詞是否值得採信。小心『暗藏玄機』的問題。」

什麼？要小心暗藏玄機的問題？我怎麼知道哪些問題暗藏玄機？

在我以專家證人的身分為美國政府到聯邦法院出庭作證之前，以上這些聲明，以及在證人席裡放在我前面的幾盒面紙，都讓我心想：**我今天會被嚇到哭出來吧！**前述一長串辦公室裡其他曾在法庭作過證的調查員與探員們好意提醒我的注意事項中，最引起我注意的就是「暗藏玄機的問題」。

我開始緊張起來。我會不會搞砸這個案子？我會不會中計，顯露出弱點？我會不會因為讓槍炮走私犯逃過法網，而使本局與國家蒙羞？我必須振作起來。我在腦中不斷對自己說：珍妮，深呼吸。

我開始作證。庭上要求我放慢典型波士頓人的說話速度，因為書記官必須抄錄我的證詞，但他無法跟上我說話的速度。檢察官對我微笑，看起來並不介意法官要我重複一次證詞，這表示陪審團已經聽了第二遍。但我還是很緊張。深呼吸。

雖然我挺著胸，也一直努力保持目光的接觸，但我的腳一分鐘大概可以跳一哩遠，我的雙手絞在一起，深埋在雙腿間，左手大拇指還焦慮地摩擦著右手。在被告律師發問的空檔，我的心飛快閃過將至的危險。萬一這個走私犯的朋友在法庭上看到我，跟蹤我回家怎麼辦？萬一他們發現我父母和姊姊的住處怎麼辦？我的家人或我自己會有任何危險嗎？

雖然我心中懷有嚴重的焦慮，但被告還是被判有罪。在作證的過程中，我唯一的屏障，就是圍繞著證人席的三片木板。若沒有這些屏障，整個法庭的人只要看看我的淘氣部位與下半身，就會知道我已經緊張到極點了。

✔只有在絕對必要時遮住你的淘氣部位

現在你一定在想：「嗯，她是建議我躲在圍牆後面，好掩飾自己的身體語言嗎？躲在遮避物後真的有助我運用身體語言嗎？」

我的回答：是的，完全正確。這是另一個你可以應用的工具，也是了解自己的基線行為後所做出的應對方式。我知道儘管自己緊張到不行，但表演還是得繼續。因此，為了避免崩潰（或大哭），我只能就地取材來變通。我看見證人席的隔板能遮住我三分之二的身體部位，為了宣洩我的緊張情緒，我刻意將緊張能量壓到腰部以下。陪審團中沒有人看得到我的腿在三面木牆內蹦來蹦去，但這個動作卻為我躁動的神經提供了一張安全網，使我的上半身與臉部得以展現自信、力量、權威與專業。

我會在課堂上講述這個故事，因為這個例子有助學員明白，即使你在情境中快被恐懼感給淹沒了，就像我當時一樣，但只要稍加運用策略，還是可以避免顯露出焦慮。你還有

請善用膝蓋

警告：你的膝蓋不僅能幫你自衛，還能提供其他好處。研究顯示，碰觸與輕撫自己的膝蓋具有性暗示，而且膝蓋就好像兩支巨型的箭，用來指向你感興趣的人或物。相反地，按住或遮住膝蓋則顯示焦慮或脆弱。雖然膝蓋通常被視為腿部語言訊號的一部分，卻也能發送出特定的訊號。

其他很多方法，可以將自己的能力透過更好的身體語言展現出來。在你特別緊張或焦慮時，你可以在能把緊張的動作遮掩起來的地方舉辦會面或約會，例如餐館（以餐桌遮掩）、會議室（以會議桌遮掩）或讓自己站在書桌後方。

要不要遮住淘氣部位與其他下半身部位，最終由你決定。重點在於，你必須清楚知道自己的決定是否有助與眼前人士的互動。除非你有重大理由，否則你一定得學會不要下意識地或刻意地遮住淘氣部位與鎖緊雙腿。因為你可能正在對他人發送出你毫無防禦能力、緊張不安或自覺沒價值的印象。

諷刺的是，許多人在團體合照中，都會擺出這種站姿。你甚至可以看到一些主播、名人或政治人物在宣傳照中採用這種站姿。他們的手像遮羞布一樣掛在身體前面，或是拚命抓著另一邊的手腕。這種姿勢實在欠缺力量、權威與自信，每當我看到有力人士做出這種姿勢時，總是感到非常訝異。如果你的手一定得找些事情來做，以緩和你的害羞或焦慮，那麼就把手放到背後交叉，這樣才不會讓人看到。（警告：這個動作事實上可能會讓你看起來高人一等或有點傲慢，但既然你要使用新式身體語言來達到目標，那麼兩害相權當然取其輕！）

展現淘氣部位時要站穩

要讓淘氣部位與下半身部位為你效力的方法之一，就是注意你的腿部站姿。腿部除了能幫你架構淘氣部位的姿勢，還能透過不同方式表達興趣、力量與自信。

對女性而言，一般站立時兩腳間距少於十五公分，男性一般則是兩腳間距十五至二十五公分。雖然這種站姿看似舒服，但站立時兩腳間距加寬一些，可以讓你看起來更有力量。一開始，加寬兩腳間距可能會讓你覺得不夠淑女或過度男性化，但加寬幾公分能讓你看起來更有自信，更不用說你自己也會有這種感覺。（警告：要不斷徵詢好友的看法，可不要矯枉過正，讓自己看起來像個相撲選手或黑手黨的殺手。）

為什麼加寬兩腳間距的站姿，有助你投射出自信的印象？我在菸酒槍炮及爆裂物管理局的防身術老師史提夫在他的課程中，提供了一個絕佳的比喻畫面：想像一下桌上有兩根蠟燭，一根又瘦又長，另一根又短又胖。如果桌子受到撞擊，這根又瘦又高的蠟燭就會翻倒，但矮胖的那根蠟燭卻不受影響。兩腳間距較寬的站姿，會發送出有如矮胖蠟燭的訊號，表示你可不會輕易受人擺布。而你最不想發送出去的身體語言訊號，就是你無法堅持自己的想法，也無法支持自己的公司。站立時加寬兩腳間距變成矮胖蠟燭，就好像職業壽命最長的超級名模辛蒂克勞馥（Cindy Crawford）、貓王與艾倫．狄珍妮一樣。這些發電翹楚都創下歷史；如果他們做得到，你也做得到。當你注意到自己因為緊張或焦慮而交叉腳踝，那就試試看把雙腳打開，讓它們著地，用擠壓腳趾來抒解焦慮。這麼一來，除了你之外沒人會知道！

第三天的功課：學習展現淘氣部位

你已經見識到了淘氣部位可以發送的廣大訊號，現在就讓我們來想想，要如何利用它們。今天你至少要做兩三項練習。一旦你克服忸怩，就會看見展現淘氣部位的姿勢是多麼有趣和有效，而且一點也不色情：除非你想要它變得色情。

▼**淘氣部位與剪報遊戲**。上網瀏覽過去一個星期以來的新聞照片。挑出一張照片仔細觀察。這些人不發一語時，他們的身體動作對你說了什麼？從照片中，找出下列情緒訊號：傲慢、自信、緊張、憂慮或別煩我。

▼**跳莎莎舞**。展現淘氣部位與其他下半身部位的絕佳例子，就是莎莎舞。「莎莎」這個名稱就描述了這種舞蹈的感覺：辣！若要跳好莎莎舞，就要做出許多搖擺、晃動與不斷前進的臀部動作。在這種舞蹈中，舞者的上半身必須以表情豐富的大動作保持敞開的姿勢，而且多數的舞步都得靠腿部功夫。通常雙腿的間隔也要夠寬才能使律動流暢自信。

雙臂要伸展開來或緊抓舞伴；這些都是鍛鍊自信身體語言的絕佳練習。

莎莎舞的身體語言規則也適用在芭蕾、拉丁有氧等其他許多舞蹈類型。你絕不會看見舞者在表演時無精打采地垂著頭、腳踝交叉、雙手遮住淘氣部位。你的身體語言應該要像一名舞者：自信、表情豐富且優雅。

現在就去報名舞蹈班，不管哪一種舞蹈都好。（男士們，你們也一樣要去報名！）如果你對自己說：「我不喜歡跳舞。」那就更多了一個理由去報名。因為討厭跳舞可能表示你需要一些練習來鍛鍊基礎的身體語言：兩腳間距加寬的自信站姿、流暢的下半身姿勢、明確指向的肚臍，以及伸展的雙臂。至少報名一堂課，不准有藉口！

▼**今晚就穿上高跟鞋（而且每星期至少穿一次）**。《慾望城市》裡的女郎們有個真知灼見，那就是高跟鞋比平底鞋更能幫助女人展現自己。高跟鞋在製造出高度假象的同時，還能撐起背部、拉長腿部，並改善姿勢。高跟鞋強化你的骨盆底部，讓你的身體中心點更穩固，也讓你的步伐搖曳生姿。即使你不是天天穿，也值得花些時間嘗試一下。

▼**把自己放到法庭上去**。我曾在菸酒槍炮及爆裂物管理局教授法庭作證課程，當時局裡一位想法創新的律師傑夫想出一個聰明的辦法，讓調查員與探員們在沒有講台或桌子的環境下練習作證。他在會議桌前放置了一張無法轉動、椅背筆直的椅子，因此學員們在模擬法庭作證時，從頭、肩膀、膝蓋到腳趾的每個動作，都被其他同學看得一清二楚。

現在就使用傑夫的方法，為下一個會議簡報、求職面試或相親做好準備。因為你無從得知，到時候會不會有個安全屏障讓你能藏起淘氣部位和下半身部位，所以如果你能為最壞的情況做好準備，就可以取得優勢。

步驟一：請朋友跟你來一場角色扮演的遊戲，設定好攝影機，找張合適的椅子。

步驟二：請你的夥伴坐在舒服的椅子、沙發、甚至桌子後面，給他一些能夠注視或把玩的東西，例如你的履歷表、上次簡報的圖表，或是可以用來假裝餐廳菜單的一本書。確保他感到舒適自在，並要他偶爾看著你，交叉雙臂，扮出生氣或無法置信的表情。基本上，就是要他盡力扮演最差勁的觀眾，好讓你在最糟的狀況中，也能掌握有力與有效溝通的技巧。

步驟三：要讓自己進入這種情境，就得確保你的椅子離你朋友至少有段距離。為了讓你更焦慮更不自在，與角色扮演的夥伴保持愈遠的距離愈好。

步驟四：打開攝影機，開始進行面試、銷售提案、簡報或演講，不管你想練習什麼都行，即使是閒聊也可以。

步驟五：觀看自己的表現並注意是否出現任何負面的舉動。重新開始這個過程，直到朋友也認為你表現很好為止！

這麼做會有什麼效果？練習了傑夫的這套訓練方法，往後你就不會在最需要信心的時候，卻表現出緊張兮兮的姿勢。縱使你坐在桌子後面或證人席上，你的身體語言也會呈現出自然流暢的姿態，更具說服力與影響力。

第4天

移向對的那一邊

人人都有一個「和諧關係」的開關，也就是身體的某一邊會讓你感覺比較「對」，比較自在。了解某個人身體的哪一側會讓他覺得較為自在，哪一側會讓他感到不安，就能創造有效的身體語言。

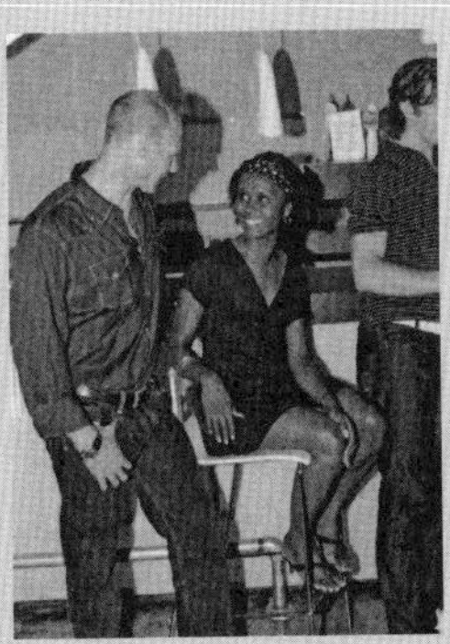

事情往往不是表面那樣；或者，更精確地說，它們不只是看起來的樣子，背後還大有文章。

——赫胥黎（Aldous Huxley），〈人與現實〉（Man and Reality）

繽紛的霓虹燈招牌妝點了灰暗的窗子，窗沿排列著復古吉他、二手琴鎚，以及各式各樣數不清的左輪槍、來福槍與散彈槍。這是間位於康乃狄克州哈特佛市區外二十五哩的小當舖，屬於高犯罪率的區域，而我站在這個狹小的空間裡，進行槍炮走私的調查。

我先探過當舖老闆的底，知道他正在打離婚官司。法院資料顯示，他的妻子想要挖光他的每一分錢，實在是個可憐的傢伙。當時我有位朋友也正在進行離婚程序，因此我可以想見他的遭遇有多悲慘。在我們最初幾次談話中，聊到了離婚有多痛苦。就如我向來會做的，面對新嫌犯我篤行肚臍法則：始終讓我的肚臍指向對方，好讓他知道我非常重視他。建立起共通的話題後，我們很快打好關係，像朋友一樣閒聊著。但每當我站到他的左側時，他會深吞一口口水，並把手插進口袋；而當我站到他的右邊時，他就很放鬆，聊得更多，手勢也更多。往後幾天的調查裡，早上他會請我吃甜甜圈，中午則會送上披薩（不過我總是禮貌地婉拒）。

我的首要之務，是查閱他的帳本，也就是庫存明細、銷售紀錄與相關文件。我隨機抽

第4天 移向對的那一邊

查了一下店內的庫存，帳目上有兩類不相符之處：一是尚未完整登錄的一些表格，另一種則是交易發生一兩日後製作的物品流向紀錄。

由於調查將在兩週之後結束，因此我直接詢問老闆這兩個無法吻合的項目。從他萎縮的姿態和雙手蓋住淘氣部位的姿勢，我看得出來他很不自在，相較於這兩項小失誤，他的反應似乎有點過度了。他在跟我說話時，用書本蓋住他的肚子，還交叉著雙臂。我心想其中必有蹊蹺！

隔天一早我七點就到了當舖，發現老闆正在帳簿上寫入物品流向，我注意到先前一些關於槍枝交易的空白處，都已經被他填上「所有人贖回」。從我們先前較為友好的交談中，我知道他偏好別人站在他的右邊。於是我走到他的右側，蹲下來以低於他高度的姿態問他：「怎麼了，羅夫？」

「我忘了這些人已經把槍贖回了，」他說話時並未看著我。

「喔，沒關係，」我回答，「你怎麼知道他們贖回了？」

「憑記憶。」他的聲音有點緊張。

「這些帳簿有多少年了？」我讓自己的語氣聽起來像是好奇，而非指控。

「大概六年了。」他告訴我他一整晚都在修改這些內容。

「沒關係，」我又說了一次，試圖緩和情況。「我的支票簿也老是對不起來，我都會忘了記錄支出，所以我完全可以體會你的痛苦。（別忘了，人們喜愛與自己相似的人。）對了，你可以在修改的地方簽名並註記日期嗎？」

他嘆了口氣。

我站起來移往他的左邊，雙臂交叉，肚臍轉離他，刻意破壞和諧，讓自己像個正在責備孩子的媽媽。我說：「羅夫，我要你在這些修改處簽名並註記日期。」這一次他簽了。

接下來幾個小時，他都在修改帳冊。我的同事尼爾於一個小時後到達，我們兩人隨即清查店內所有庫存：超過七十枝槍失蹤，而約有一百多枝被標記為「所有人贖回」的槍枝仍在店中，這些都是槍炮走私的重要指標。

次日早上九點我在家中打開電視，頭條新聞是一棟建築物起火，而那棟建築物看起來極為眼熟。就是那間當鋪。

無巧不巧，所有帳冊就放在爆裂物旁的架上，這場爆炸毀了三十本帳冊。第二天，老闆向保險公司申請理賠。

幾個月之後，警方接獲線報說，這名當鋪老闆非法販售槍枝。警方取得搜索票，在當鋪的地下室發現許多當鋪老闆申報毀於火災中或被所有人贖回的槍枝。

羅夫被逮捕，並以保險詐欺的罪名被起訴。但讓他和他的律師最害怕的是，他簽過名的帳冊都已經被我影印下來了。他被宣判有罪，不僅不能再販售槍枝，甚至連合法持有槍枝也不行。

我的訓練告訴我，在某些時刻、某些地點要打好關係；但有時候則必須破壞關係。以上這個經驗讓我更加確信，建立或破壞關係有個簡單技巧：**側位法則**。現在就讓我們來看看要如何運用它。

親身見證：威力團隊成員的轉變

姓名：薇洛莉・帕瑪
年齡：三十三歲
職業：學校教師

■問題在哪裡？

我以前很害怕認識新朋友或單獨出席任何社交聚會。我非常不善於處理衝突、捍衛自己的權利、提出要求與爭取自己想要的事物，也不善於和持反對立場的人相處。醫生診斷我患有社交焦慮症。我從不知道如何與第一次見面的人哈啦，有時候甚至連和自己認識的人閒聊都有困難。我的焦慮讓我傷心又擔憂。我渴望學習如何鎮靜下來，展露最好的一面，而我知道，唯一的阻礙就是我自己！

■改變與進展

在我實行改造身體語言的七日計畫之前，我從不知道人們會偏好自己身體的左側或右側。當我在社交聚會中與人寒暄時，我覺得自己很笨拙、緊張與怯場；而即使跟我說話的人正站在我的右邊，我還是會把身體轉向左側！因為我總覺得自己的空間受到侵犯。

現在我知道要讓新朋友站在我的左邊，好與他們聊天說話。我使用新側位法則，確保我的談話對象站在我的左側，如此一來我會表現得更自在、更有自信、更能處之泰然。與異性約會時，我會讓對方坐在我的左側；而當我們去看電影時，我會坐在他的右側。和同事說話時，我會快速移到他們的右邊，讓他們位於我的左側，如此我就能夠更放鬆且清楚地思考。這樣的反應讓我更容易與大夥兒打成一片。

在改造之前，我很難與陌生人開啟話題。但現在可不一樣了。我能主動而友善地說出：「嗨，我是薇洛莉，你怎麼會來這裡？」或是「你怎麼懂得這些、那些？」我有了一百八十度的大轉變，感覺自己就像個社交女王！

精準識人：新側位法則

你是否有這樣的經驗：本來你很享受與某人相處，但突然毫無理由地，你發現自己在與對方相處時覺得心情很糟？

或者，也許你提早進到會議室，想要坐在主管左邊的位置上，但主管總是朝右邊尋求其他同事的意見而冷落了你？

或者，也許你去參加了一場頗有希望的相親，但在你坐定後，桌子對面的那位男士卻表現得很疏遠冷淡？

律師和老師的心戰技巧

當律師想要陪審團聽信證人的說詞時，他會讓自己站在陪審團席的最末端，讓證人直視著陪審團，且說話聲音要大到法庭上每個人都聽得見。頂尖的演說家和教育家，無論是傑克・坎菲爾（Jack Canfield）還是歐普拉，都會採用這種策略。如果他們問學生問題，而這名學生講話屬於輕聲細語型，老師就會移到教室的另一端，迫使學生必須將音量放大。另一方面，在對方證人陳述不利證詞時，律師就會閱讀卷宗或與同事商議，以表現出自己毫無興趣的樣子。這種技巧叫做錯誤指示（misdirection），是魔術師用來隱藏觀眾眼前東西的招式。

事實上原因可能在於，你們其中一人或你們兩人坐錯了位置。人人都有一個「和諧關係」的開關，也就是身體的某一邊會讓你感覺比較「對」，比較自在。了解某個人身體的哪一側會讓他覺得較為自在，哪一側會讓他感到不安，就能創造有效的身體語言。信不信由你，在對方不知情的情況下，光是應用這個方式，就能幫助你獲得你想要的結果。

我首次學到這種身體語言的直覺反應，是在菸酒槍炮及爆裂物管理局接受基本訓練的時候。當時我們學了一堆關於酒品製造商與輸入業者的事情，還有槍炮、爆裂物、法規命令、法庭作證與職業倫理等等枯燥乏味的知識。有三天半的課程在教授約談，這門課很吸引人，其中有關建立關係的部分是我最喜歡的，內容就提到了所謂的「右側法則」。從這個右側法則，可以看出舊式身體語言的侷限。

這個法則衍生自一個堅定的信念：握手具有正面的力量。這樣的理論主張，當我們初次見到某個人時，握手就好像船錨一樣，是一種意義重大的接觸，可以建立持久的情感記憶。這個理論相信，這種接觸會對大腦傳遞強大的信號，跳過理性思考，讓我們進入一種心智狀態。所以當我們初次見面，用握手拋下有力的錨之後，只要站在對方的右邊，就能再次拉起這個錨，而對方就會不自覺地重新經歷那種初次的正面情緒。你還在聽嗎？

最後，我們的老師建議，當約談對象老實合作時，我們就要一直站在他的右側。這項技巧的目的，是希望能進一步和約談對象打好關係並建立信任。而當約談對象拒絕吐實或開始說謊時，老師教我們要移到他的左側以破壞關係，增加他的壓力和焦慮。如此一來，對方為了恢復和諧的關係，就會乖乖合作，因為人們在與他人行動一致時會感到比較自在，在壓力大的情況下尤其如此。老師告訴我們，聯邦調查員與探員們在面對狡猾的罪犯時都會採用這項工具：在約談時從這些人的右邊移到左邊，施加壓力讓他們坦承一切。

聽起來很厲害嗎？這個嘛，理論上是這樣沒錯。然而，不幸的是，這個公式有其瑕疵。但直到十一年後，二〇〇四年的夏天，我在同一個機關擔任講師時，才發現錯誤何在。我花了好久才發現，我們的「右邊」，或者說正向的那一邊，與我們用哪隻手握手無關，甚至和你是左撇子還是右撇子都毫無關係。

發現真正的「右」邊

我在局裡服務的前十年，已經將自己從最初這些訓練課程與其他進階訓練中學到的技巧，應用在超過兩千次的約談中。我發現有些工具確實彈無虛發，但有些工具，例如右側法則，偶爾才會見效。還好後來我發現新側位法則，能彌補先前使用右側法則所浪費的時間。

二〇〇四年夏季，我應邀教授新進探員關於約談的技巧。自從一九九三年開始授課以來，我多次教導這門課程。課程採互動的方式進行，相當有趣，總能抓住學生的注意力。

在課程開始的第一天，每個人都學習如何建立關係並找出約談對象的行為基線。第二天，我們觀看並分析過去十年來一些最糟執法案例的細微不同，例如辛普森（O.J. Simpson）殺妻案的審判、哈汀（Tonya Harding）與克雷根（Nancy Kerrigan）醜聞案＊，以及提摩西．麥克威（Timothy McVeigh）犯下的奧克拉荷馬大樓爆炸案。

在講解完說謊者可能出現的身體語言訊號之後，我選出幾位學生坐在大位上（所謂大位就是一張放在教室中間的高腳椅），用以測試學員們是否了解剛才學到的技巧。由我先約談第一個坐在大位上的學生，然後再換其他同學依此模式進行。我問了一些拉近彼此關係的問題，例如：你今天過得如何？你離家後第一個落腳地在哪兒？你覺得喬治亞州如何？談談你小學最要好的同學？聊聊你的第一輛腳踏車？諸如此類的問題，讓學生沒有理由說謊或對回答產生焦慮。在我提問時，我都站在學生的右側，就像老師以前教我的，也像這些年來我教導學生的一樣。

然而，某天下午，坐在大位上的一位年輕女子突然生起氣來，也顯得有所防衛。她雙臂交叉，將肚臍轉向門口，用冷淡的態度對著我。她看都不看我就說：「我不喜歡你站在我的右邊！」起初我還一笑置之，但她的態度並未軟化，她是說真的。因此我移到了她的左邊，跟著她就顯得比較放鬆了。我很訝異。那一刻，我對右側法則的信念受到了嚴重的打擊。

我稍作停頓，仔細思考了幾分鐘之後，決定試試不同的方法。當下我想出一個練習方式，用以測試我的新理論。我讓學員兩兩一組。一方先在對方的右側說出類似這樣的話：「傑夫，我要你還我錢。」接著移到對方的左邊，再說一次。然後交換角色，讓另一位同學重複這個練習。

最後我做了投票。有六成的人喜歡對方站在他們的右邊，但有四成的人喜歡對方站在他們的左邊。

從那天起，我陸陸續續讓兩千多人進行了相同的測驗，並得到一個結果：執法部門的公務員，很大比例認為自己配槍的那一邊（通常是右邊）是感覺比較負面的；只有兩成的人認為配槍的那一邊具有正面感受。而在非執法部門的公務員中，比例大約是五比五。

在那次嚴重打擊我右側法則信念的課堂後一個月，我更新了課程計畫，加入「新側位法則」。這項嶄新發現，成了我們局裡的基本訓練課程，也是進階約談技巧中不可或缺的一部分。無論身體語言訓練與分析進行到哪個階段，這項法則屢試不爽。現在你也能使用新側位法則來拓展你解讀對方行為、建立關係、獲得真相的技巧。

---

*一九九四年美國溜冰界發生了一件大事，最有希望問鼎奧運金牌的選手克雷根遭到攻擊，由另一位選手哈汀獲得參賽資格，但後來傳出哈汀涉及此起攻擊事件，眾多證據都指向她涉案，雖然她未被定罪，最後還是遭國際溜冰協會禁賽。

測試對方的左右偏好

現在你已經明白了新側位法則，你是否很想知道對方喜歡你站在他的哪一邊，不過又不知道要怎麼做才好？

有時候，開門見山是最好的方法，也就是直接問（例如在餐廳吃飯或去看電影時，你可以問對方他喜歡坐哪一邊）。如果你覺得那樣做太魯莽了，那就試試更有技巧的方法。在你們談話時，你可以先站在對方的某一邊，然後不經意地換到另一邊。如果你站在對方負面的側位，你可能會看到一些身體訊號：吞口水、緊張地傻笑、縮下巴、皺眉、肚臍轉離你、雙手蓋住淘氣部位或將手伸進口袋。而如果你站在他們正面的側位，訊號會剛好相反：他們會顯得放鬆，你可以看見他們的手臂與手掌伸展開來，有的人甚至會雙手扠腰，左右占據更大空間。當你站在對方偏好的那一邊，下意識地就增加了他的信心。以下是一些找到「正確」側位的竅門：

- 在一開始的三十秒到兩分鐘之間，先讓對方站在你自己偏好的側位，看看彼此的側位是否相容，要打好關係雖然不必非這麼做不可，但這麼做可以加速關係的建立。
- 接著讓對方站在你負面的側位，看看他的舉止有何改變。注意對方在不同邊時，你們對話的流暢度以及非語言的訊號，問問自己：「當我站在他的右邊時，他跟我說話的興致有沒有特別高？」一旦你搞清楚他喜歡的側位，就在那一邊停留五到十分鐘，然後再移到另一邊停留五到十秒作為測試。每當你有機會換位置時，例如拿紙巾、拿飲料、接電話或到洗手間，就可以進行測試。你可以基於自己想要從互動中得到的結果，選擇你認為最適合的一邊來站立。

- 觀察對方與他的朋友、同事或老闆相處時的行為舉止；也許有九成的時間，他都讓別人站在他的右側，而剩下那一成時間是他無法做主的情況。
- 當你靠向他的某一邊時，他是否也會靠向你，或隱約碰觸你，例如碰觸你的手或肩膀或上背？

一旦你知道對方喜歡的側位是哪一邊，你就能在許多層面上使用這項有力的技巧來打動人心。

尋找線索

在你測試對方喜歡哪一邊時，注意以下線索：

- 正面側位的線索：微笑瞇眼；頭朝向正前方或偏向一側；語調平順，沒有出現嗯、呃、你知道的或其他無意義的停頓；下巴自然放鬆或微微朝上，頭微微後傾；三點權力部位（喉嚨、肚臍與淘氣部位）敞開；肩膀放鬆，身體傾向你；兩手垂擺身體兩側或扠腰，如果他的手放在口袋裡，手會呈掛鉤式或露出大拇指；採用手掌朝上的開掌姿勢；在你移向這一邊時，他的肚臍會跟著你移動；雙腳指向你，或者如果他是蹺著腳時，彎起的那隻腿離你較遠（讓你保持在他的信任範圍內）。
- 負面側位的線索：皺眉或假笑，偶爾吐一下舌頭，咬著牙關；無法好好說話（結結巴巴、重複問題），和你說話時用語含糊不清，聲音小到幾乎快要聽不見；抓著自己的喉嚨，聳肩，雙臂交叉，突然拉開距離，抓住自己的手腕；手埋進口袋裡，手指緊握或手掌朝下；將肚臍轉離你；交叉腳踝，一隻腳轉向朝著出口，或者假如他是坐著的話，會蹺起腳，抬起的那隻腿靠近你這邊（在你與他之間築起一道牆）。

應用：使用新側位法則

如果有人告訴你不要站在他的某一邊時，你要確實聽進去！

在一場母女聚會的活動中，我要現場六百多名與會者做一個練習，好幫助她們找出自己偏好的側位。那天參加聚會的女士們都大有斬獲：女兒們知道開口向母親借車時要站在哪一邊比較好，而母親們則知道詢問女兒要去哪裡時該站在哪一邊比較有效。

不到一個月後，有位參加該活動的母親寄了一封電子郵件給我。她說她與丈夫的親密關係（無論是身體上還是情感上）從蜜月期過後

七秒7戰術 正確應對

問題：你的女友正在不爽，而你還站在她不喜歡的那一邊。不要太快就夾著尾巴逃走，女人不喜歡畏縮的男人（如左圖）；你這是在發送欠缺自信的身體語言訊號。

解決：即使闖了禍，還是要有自信。不要站在她討厭的右邊，把你的身體放低，低於她雙眼平視的位置，跟著她擺出一樣的身體語言，如此能加速她平息怒氣，還能保持自信心！有點狡猾，但管用！

就一路走下坡，在上過那堂課之後，她決定要試試我的方法。結果他性致高昂！

這種改變聽來也許不是什麼大事。但想想看，她發現了自己偏好人們站在她的右邊，而她先生數年來都睡在她的左邊。一旦改變位置，夫妻倆重新產生好的連結，閨房氣氛也大幅改善，家人間的關係也會更和諧。

在生活中的所有層面，不論是工作、娛樂、朋友或家人相處，新側位法則都能適用。當你在會議上遲到，被迫坐在自己不喜歡的方位時，你會比較難吸收資訊，而且更容易感到煩悶。就我個人而言，我在看電影時喜歡先生和兒子坐在我的右邊。如果他們坐在我的左邊，我會有壓迫感。

將此原則發揮到極致的關鍵，就是保持警覺。當你未經思考就讓某人站在你身體的某一側，有可能會讓你自己感到焦慮。也許你之所以不喜歡某堂課，不是老師、學生或教室的錯，而是你自己的錯，因為你不知道要選擇正確的位置。當你注意到自己偏好人們接近你的某一側時，與他人共度的每一刻會變得更美好。

讓新側位法則為你效力

察覺自己身體哪一側會引發負面的反應，能夠大幅降低這一邊對你的衝擊與影響。你

做個標記

注意：如果你已經找出某位同事、經理或潛在客户喜歡哪一邊，別忘了，在筆記本或檔案裡註記左或右，確保自己下次坐在對方偏好的側位上。

可以學習管理負面感受，也更能夠掌握自己。最重要的是，這項工具有助你掌控自己的生活，你可以再也不受這種身體自發性的反應所擺布。

想像一下，你比友人早一刻抵達夜店。吧台的左右兩側各有一個空位，你會選擇哪一個？這些位置是否能將陌生人置於會讓你產生正面感受的側位？如果不能，原因是什麼？使用這個法則來得到你想要的結果，即便這個結果只是讓你和陌生人處得更自在。

一旦你知道某個人偏好哪個側位時，你就能使用這個側位來影響結果。當你想要打好關係，讓彼此繼續合作時，就讓自己位於對方喜歡的側位，特別是如果你需要對方幫忙的時候。而如果對方欺騙你，那就移向他們不喜歡的那一邊。就是這麼簡單：每個人都想要獲得他人的信賴，即便是說謊的人也不例外，不安的處境會壓迫他們，促使他們吐露更多真相。

使用新側位法則也是獲取自信、明確溝通與擁有更好人際關係的好方法。但要注意：當你在施展新式身體語言的魔法，選擇將對方置於你較脆弱的一邊，好讓他感到更自在時，要確保你自己的信心不會喪失。要選擇你的自信還是重視對方的感受，決定權操之在你。這項法則應用久了，兩者其實會合而為一。

第四天的功課：找出對的側邊

今天這個練習的目的，首先要讓你找出自己偏好的側位，其次是找出他人對左右側的偏好。至少找六個人來做試驗，男女各半（包括小孩）。

▼**了解你的側位**。要真正了解你在對話、會面、談判、衝突或應徵工作時覺得比較自在的側位，請做完我為菸酒槍炮及爆裂物管理局的同仁所設計的測驗。找個人交替站在你左右兩側，用強烈、甚至帶點怒氣的音調對你做出要求，例如：「你可以來我辦公室一下嗎？當我跟你說話時，請看著我！你以為這很好玩嗎？」注意看看你自己是如何回應的。當對方站在你的某一側時，你會後退或皺起鼻子嗎？你會把頭轉向他，但肚臍卻朝向另一側嗎？

▼**測定你的側位**。想要有效運用這個法則，你就必須知道自己的側位。坐下來，想像你身處以下情境時，會讓自己位在哪一側？收集資訊，看看能否找出特定模式。

- **在飛機上**：如果你在搭機時可以選擇任何靠窗座位，而你選擇了左側是窗子，讓陌生人坐在你的右側，那麼你偏好的側位可能是右邊。
- **在公車上**：當你搭乘公車而車上有許多空位可選擇時（也沒有你要躲避的瘋子），

如果你總是坐在前排位置，並讓自己的右側靠近車身，左側靠近車上乘客，那麼你的安全側位可能是左邊。

- **看電影時**：每次你與朋友或愛人去看電影時，你總是偏好靠走道的位置，讓身體左側是走道，右側是約會對象；如果對方剛好坐在你的左邊，你會覺得受到壓迫且坐立不安，那麼你偏好的側位很有可能是右邊。
- **在廚房裡**：你正在準備大餐時，妻子從你的右肩處偷瞄，然後說：「好棒，聞起來好香！」但你內心很想尖叫：「我在煮菜時不要打擾我！」幾分鐘後，你的妻子又跑來聞香，這次她站在你的左邊。她又稱讚了你的烹飪功力，而這一次你露出了微笑。這就是個很好的指標，顯示你偏好人們站在你的左邊。
- **在公司裡**：如果你的辦公室大到能夠搬動沙發書櫃之類的，而你在右方騰出一條路讓人接近你，也許這就是你最喜歡的側位。如果你因為辦公室太小，或電話線、網路線在你書桌右側而無法搬動桌子時，當人們從你書桌後方走來時，你是否會向左轉動身體正對著對方？如果是這樣，那麼你喜歡的側位絕對是你的右邊。

▼**睡覺也要睡對邊**。你喜歡別人站在你的右邊，但你們夫妻睡覺時，老婆卻睡在你的左邊？今晚試試看，睡在床的另一側，看看情況會如何。

▼**重新學習開車**。閉上眼睛，想想你喜歡當乘客還是駕駛。舉例來說，你喜歡自己開車，但如果車裡還有其他人，你是否寧願坐在駕駛座旁的座位上？這是因為你想用手機來瀏覽電子郵件，還是因為你覺得這樣感覺比較受到呵護？還是你剛好偏好人們位在你的左邊？如果你是「左翼份子」，當你開車時有人坐在你右邊，你當然會覺得很不自在，這種感覺及焦慮與你的側位偏好有關。光是明白這個道理，就能幫你減輕開車載人時的壓力。

▼**觀察別人的側位**。在擁擠的環境中，觀察人們互動的側位偏好，例如：帶著孩子的母親、正在約會的情侶，或正等候午餐帶位的同事。在你的身體語言成功日誌中，為周遭重要人士列出一張表。你認為他們偏好哪一邊？根據前面的衡量標準，觀察對方下意識顯露的身體語言訊號，推測他們偏好的側位。

▼**愛上大明星（Star Struck）**。列出三到五位你最喜歡的明星或政治人物，然後以Google 搜尋他們的照片，看看你是否能找出他們偏好的側位。他們是否大部分時間都位於他人的右側或左側？這因為那一邊是他們喜歡的側位，或者是他們同伴喜歡的側位？

第5天

應用你的權力姿勢

身體的姿勢就像我們在演說中使用的標點符號一樣。無論是激動地捍衛自己的決定，或者雙手在空中比劃解釋著我們的夢想，還是只是揮手說再見，這些動作在有意無意間都強化了我們的語言表達。

許多聰明絕頂的人不擅思考；不少才智平庸的人精於思考。這就好比汽車的性能並不等同於駕駛它的人。

——批判性思考專家愛德華・博諾（Edward De Bono, 1933-）

可口可樂公司一向對自己的品牌深具信心。在每一則電視或平面廣告中，你都可以看見他們深知如何展現品牌魅力，並以此為傲。

這家深具創意的公司最近舉辦了訓練課程，目的在激勵公司裡原本就極具自信的資深經營者更上一層樓。這一系列課程要那些經營高層向世上最勇敢無懼的人學習，包括高空特技表演者、消防員等等。

身為訓練講師之一，我的任務是要教育並激勵這群精英團隊嘗試一些新的身體語言策略（有許多策略都可以在本書看到），除了讓他們保持現有的驚人成就外，還要幫助他們在競爭中更具優勢。

在我開始講課之前，由一位叫麥特的員工負責接待我和我的經紀人；麥特專職為公司籌辦各式訓練活動，就是由他與我們接觸連繫的，所以我很期待與他見面。

身為身體語言專家，我已經習慣人們在第一次與我見面，特別是在舉辦研討會的時候，以為我會分析他們的一舉一動，或以某種方式看透他們心裡深處最陰暗的想法；我在與某人握手後，總會看見他們雙臂交叉、整個姿勢萎縮起來，看起來像是要封閉自己的身體。麥特就是這樣，他把雙手深埋在口袋裡，這個動作顯示他想防止我看穿他的內心。（我真想說：「嘿，老兄，我很厲害，但沒那麼厲害。我能看出來的只有你很緊張而己！」）

親身見證：威力團隊成員的轉變

姓名：蘿瑞塔．杜凡妮
年齡：四十三歲
職業：牙醫師

■問題在哪裡？

大家都說我看起來正經八百的，但我真的不認為自己是那樣。我喜歡認識新朋友。我最喜愛的社交活動就是參加街頭慶典。我也喜歡與人交往、聽音樂、購物和小酌一番。我喜歡開玩笑，也不會把事情看得太嚴肅。我想要找到一段穩定的關係，我曾參加各種社交活動、上藝術課程，或者到夜店和派對去狂歡。但不知道為什麼我到現在連個對象都還沒有著落。我想我的身體語言可能一直發送出錯誤的訊息。

■改變與進展

參加了身體語言改造課程後，我學到人們對我的印象可能會受到臉部表情、手勢與姿勢的影響。一直有人跟我說，我的外表看起來不苟言笑，這讓我很困擾，因為如果對方真的跟我聊過天，就會發現我其實很好相處！我注意到，如果我在買東西或散步時面帶笑容，人們也會對我報以微笑，有些人還會跟我打招呼。我更加意識到自己的臉部表情會如何影響人們與我的互動。

我也了解到，當我不斷摸頭髮、摸臉或觸摸自己身體的其他部位時，會讓人以為我對當下情境感到不自在。我學到，讓人知道你覺得很自在安心的一個好方法，就是技巧性地使用OK的手勢，把手放在腿上，拇指食指互觸。

在工作上，我也看到了改善。以前我在幫病患進行治療時，他們常會停下來問我是否哪裡出了問題。我很納悶為什麼他們會這麼問，直到我發現當我非常專注在做一件事時，我會皺眉，看起來像是在生氣。因此我的病患會將之解讀成有什麼地方出了問題，或是我正在生氣。察覺到這種情況後，我會在開始治療之前先告訴病患，好讓他們看到我出現這種表情時不會太過緊張。沒必要造成他們的焦慮，沒有人會喜歡一個看起來怒氣沖沖的牙醫師！

我的第一要務，就是幫助對方放鬆心情並建立關係。因此我問了麥特一些問題，諸如：「你喜歡你的工作嗎？」「你喜歡這份工作的哪些部分呢？」他逐漸放鬆下來。不到一分鐘的時間，他顯得更有自信了。當麥特聊到自己跟哪些了不起的人物合作過、做過哪些有趣的專案，以及時髦又獨特的辦公空間時，他做出許多開掌的手勢，迷人又充滿活力。在他說完以後，他又把手放回口袋，但這一次，他把大拇指勾在口袋上，也就是你現在知道能發送影響力、個性與自信的身體姿勢。我們打好了關係，他也覺得更有安全感了。在我們討論我為他們公司量身打造的課程時，他維持著這個姿勢大約有十分鐘左右。

就在這時，一位四十來歲、操著英國口音的男士跑過來自我介紹，並解釋自己的課程大概還要二十分鐘才結束。在這位男士說話時，麥特又縮水了；他的肩膀往前縮，大拇指又塞回口袋。當這位活潑的英國人簡短講完話並火速跑回訓練教室時，我轉向麥特問他：「這個人是你的老闆或上司嗎？」

麥特看起來非常困惑。「對，他是本次活動的兩位負責人之一，」他說，「你怎麼知道他地位比我高？」

「你的身體告訴我的！」我說。我向麥特解釋在這位男士加入我們的對話時，他的身體語言產生哪些微妙的變化。

麥特聽得目瞪口呆，他完全不知道自己的身體姿勢有這些改變。就像麥特一樣，無論知不知道，我們全都在使用身體姿勢來表達內心的感受。身體的姿勢就像我們在演說中使用的標點符號一樣。無論是激動地捍衛自己的決定，或者雙手在空中比劃解釋著我們的夢想，還是只是揮手說再見，這些動作在有意無意間都強化了我們的語言表達。

還記得我說過，當我們緊張時身體就會縮小，感到自信時身體就會變大嗎？而手勢就是我們展現這種改變的方式。當我們和比自己更有權勢的人相處時，就會做出緊張的手勢；而當我們較有自信時，就會用權力姿勢來擴張身體。

手勢的意義和影響力，在你需要額外拉抬力道的那些情況下尤其可貴，例如談判時。一旦你精確定位出某個人的基線行為，並注意到他從權力姿勢轉變為緊張的姿勢時，你就找到了重要的偵測點；如果你在此時出手，也許就能得到你想要取得的關鍵資訊。

不過對我來說，權力姿勢的最大功能，就是使用它來增加信心。就像麥特一樣，我們在感到威脅時，身體語言就會不自覺地從自信變為封閉。這就是為何在學習精準解讀權力手勢之後，我還要教你如何應用新學到的知識，持續透過身體語言發送出具有力量的訊息。權力姿勢不僅能讓你更有自信，還能帶領你邁向成功必備的關鍵態度。

精準識人：解讀各種手勢

有些手勢向來代表著沒有自信和懦弱，例如咬指甲或摳指甲。你不太可能看到一個成功的經營者，會在開會時咬指甲。你更難以想像不動產大亨川普會在談判中啃指甲。其他手勢，例如比中指，則是極度輕蔑的手勢。這兩種身體語言的訊號是兩個極端，不過在這兩個極端中間還存有無數可運用的非語言資訊，而且全都能幫助你更精準地評估對方的心裡在想什麼。

現在，就讓我們來調整你的身體語言雷達，從最軟弱的到最強烈的，徹底檢視這些常使用的手勢。你必須先知道自己做過什麼，才能找到改進的目標——你的目標是要登峰造極！

最弱的姿勢：自我碰觸

自我碰觸代表緊張、沒信心，甚至是煩悶。自我碰觸的姿勢，或者有些身體語言專家稱為操控或安撫姿勢，是指我們用身體的一個部位來碰觸另一個部位，努力要安撫或鎮定自己。就好像在對自己說：「沒關係，你會熬過去的。」

自我碰觸的訊號包括：

- 摩擦手指或雙手
- 坐立不安
- 摳指甲
- 摩擦手臂
- 碰觸腿部
- 手放口袋

你會經常在讓人尷尬、陌生或壓力大的情境中，看到這些自我碰觸的姿勢。以下圖為例。如果照片中的這些人是前來參加某位朋友的葬禮，那麼這些自我碰觸的動作就其來有自。他們聚集在此互相安慰，但悲痛的情境也讓他們不自覺出現自我碰觸的動作。

另一方面，如果照片裡的人是處在社交場合中的一群年輕人，那他們要改進的地方可多了。這些自我觸摸的動作都在尖叫著不安、缺

這些人不斷出現自我碰觸的動作，很有可能表示他們感到難過或害羞。

乏自信，甚至會發送出訊息說：「別跟我說話！」你若是使用這種身體語言，就不太可能贏得潛在客戶。

就如我之前提到的，有種相當常見的自我碰觸動作，就是在焦慮時把大拇指塞進緊閉的拳頭裡。即使是你認為不可能屬於焦慮型的人，他們在承受壓力時，也會出現這種動作。瑪丹娜的哥哥克里斯多夫．西科恩（Christopher Ciccone）在《我和妹妹瑪丹娜》（*Life with My Sister Madonna*）一書中，提到他如何能藉由非語言的訊號來解讀自己那個無敵自信的妹妹：「就像我們沉默寡言的父親一樣，我跟我妹從來不聊心事，但我們打從心底明白對方的眼神與姿勢，並能正確無誤地解碼這些訊號。因此當我妹妹雙手扠腰，做出潑婦罵街的姿勢時，我就知道出問題了。當她開始摳指甲上的指甲油，通常是紅色的指甲油，我就知道她很緊張。而當她把大拇指握進拳頭裡時……我就知道她需要安全感。」

我們的身體有三個脆弱部位：頸窩（前頸的脆弱凹處，位於喉結下方）、肚臍，以及淘氣部位。你可以注意到人們在緊張或覺得受到威脅時，會覆蓋住自己的喉嚨與頸窩，特別是女性。這種自我碰觸的動作，是一種想要保護我們大腦免受傷害的本能，因為頸動脈與脊椎動脈會通過頸部把血液送到大腦。當我們感受到威脅時，即使只是言詞挑釁，也可能會不自覺地遮住喉嚨，彷彿要預防遭到攻擊。這種動作會發送出信息顯示「我不喜歡你剛說的話」、「我不信任你」、「這讓我很不舒服」，甚至是「我錯了，所以我很慚愧」。

但偶爾自我碰觸的動作也能散發迷人魅力。將一隻手指放在唇上、輕撫大腿、搔首弄姿，這些全都是女性用來吸引注意力的自我碰觸方式。

假設你已經找出某人的基線行為，而他並不常出現自我碰觸的動作，那麼當你看見他出現自我碰觸的動作時，你就有了偵測點，挖掘身體語言的祕密。這表示，剛才有某些言詞或行動讓對方感到不自在，你只要找出那些言詞或行動是什麼即可。（我們稍後會討論更多關於如何充分利用這一刻的技巧，也就是使用第七天課程的QWQ公式來弄清真相。）

當你看到別人做出這些自我碰觸的動作時，你就能明白這些動作對個人形象有多大的殺傷力。而你可不想這樣。減少自我碰觸的動作會讓你看起來更專注敏捷。少了自我碰觸的動作，你自然可以使用更多自信的姿勢與身體語言，例如：更挺直的姿勢、更好的手臂擺放位置、更堅定的腿部姿勢。你不僅能更有自信，別人也會看見的。無論何時，當你逮到自己正在做自我碰觸的動作時，就把手藏到背後，重新擺出權力姿勢，或只是把手自然垂在身體兩邊。為了你自己好，拜託，盡量別做出自我碰觸的動作。

另一個示弱的姿勢：聳肩

聳肩是漠不關心或有欠考慮的典型記號，是「不知道」或「隨便」的無聲表達。當一個人在做出重要陳述時使用這種動作，就像是表現出猶豫不決和認輸的姿態，同時也可能表示他並不完全支持自己說的話，或至少他心裡是矛盾的。

當你看見一個人突然出現聳肩的動作，不要咄咄逼人指責對方在說謊。相反地，要在心裡記下聳肩的動作出現在對話的哪一個時點：他剛說了什麼？確切的用語與內容是什麼？在第七天的課程裡，你會學到一系列有效的問題，幫助你更深入挖掘為何對方會表現出懷疑與猶豫的行為。

聳肩是種難以忽略的表徵。幾年前，歌手小甜甜布蘭妮接受國家廣播公司《日線》（*Dateline*）節目主持人麥特．勞爾（Matt Lauer）的訪談，在她情緒化的訪談中，這位流行樂界的公主談到自己的婚姻是否穩固、丈夫的外遇、浪蕩跑趴、到處亂搞的傳言時，好幾次不小心出現聳肩動作。五個月後，布蘭妮就訴請離婚了。

➤較為強烈，但也不怎麼好的姿勢：單手扠腰

我不太欣賞這種動作。當我們把一隻手扠在腰間時，會傳達出一種譏諷無禮的態度，這是一種可用來當作武器的姿勢。我們可以使用這種姿勢來驅離太過靠近的人，或做出反擊，或者單純只是用來與人保持距離。

採用這種姿勢的人想要表現出自信，但別人看起來卻像是在反抗。這種姿勢就像盤繞

一手擺在腰間看起來失禮不敬。

成圈的響尾蛇，正嘶嘶作響：「你再靠近一步我就要發動攻擊了。」真正的自信，是將另一隻手也放在腰間，像是穿著護甲一般。

我們不怕受到攻擊，因為沒什麼能傷害我們。如果你不想發出負面又具有攻擊性的訊息，就把單手扠腰的姿勢升級，轉換為更有自信的雙手扠腰的超人姿勢。

權力姿勢：雙手扠腰

雖然我們能做出幾百萬種動作，但權力姿勢不僅能幫助你解讀對方，還能讓你在說話時亮出自信、膽量與力量。雙手扠腰的姿勢，又稱為超人姿勢，是我們要討論的第一個權力姿勢。

當一個人雙手扠腰時，這種正面的姿勢會發送出訊息，表示他已經準備好向前邁進；這是自信的象徵。影星莎拉・潔西卡・派克（Sarah Jessica Parker）用外弓的手肘，在視覺上擴大她的上半身，以這種「側身展現」的方式，讓她看起來更有力道與氣勢。這個動作讓人知道你已經準備好採取行動了。

▼權力姿勢：正面全都露

當我們的三個脆弱部位，頸窩、肚臍與淘氣部位，都自信而大膽地敞開時，我稱這種有力的三方展現為「正面全都露」。

如果你看到某個人的手放在身體兩邊或放在背後，並在整個互動中保持敞開的身體語言，那麼這個人要不就是個非常有自信的人，要不就是害羞但精通自己身體語言的人。這種姿勢能達成兩個非常重要的目標：讓人看起來親切且有自信。這種姿勢說著：「我有自信，你做什麼都阻擋不了我。」沒有什麼動作比這樣的自信更有魅力與影響力。

莎拉．潔西卡．派克雙手扠腰展現所謂的「超人姿勢」。(Photo by Getty Images)

我們會被充滿自信的人所吸引。他們對自己的信心會比完美容貌或精心打扮的衣著更有魅力。自信的人會給他人篤定並準備好採取行動的印象。他們為他人帶來安全感，讓人們覺得無論發生什麼事，都能倚靠他們做出決定、採取行動，獲得所欲的結果。自信就像磁鐵一樣有力。它是混亂中的穩定聲音，是你在人群中迷失時，搭在你肩上的一雙有力的手，是傳奇與領袖的構成要件。

當你擁有自信，你相信自己能達成、獲得或成為你所渴望的目標。即使你沒有這等自信，權力姿勢還是能幫你獲得信心。這就是「裝到最後會變成真的」的道理。當你採用這些姿勢，即使你不覺得自己擁有百分之百的信心，也能引出人們不同的回應。而那種更有敬意的回應，轉而加強你的自信，這種循環會隨著時間加強。因此我們可以說：權力姿勢是你不斷送給自己的禮物。

權力姿勢：權力指塔

想想影集《黑道家族》（*The Sopranos*）裡的湯尼．索波諾（Tony Soprano），他在訓斥手下時，都是採用這種指塔手勢。將雙手的指尖對指尖豎成塔狀，是下意識顯露自己博學多聞、明察秋毫的極佳方式。這種手勢在伴隨其他的自信身體語言以及話語出現時，會創造出絕對自信的訊息。

歐普拉自信地使用權力指塔的手勢。（Photo by Pan Media Agency／FilmMagic）

而如果你不認識這個手勢，你可能會被它所影響，屈服在對方的自信下去做自己不想做的事。一旦你知道這個手勢的威力，要小心，當它在會議、談判或其他利害糾葛的權力爭奪戰中出現時，你馬上就能辨認出它。

使用指塔的最佳時機，是在你講到關鍵重點，想要增強力道之時。

如果有人濫用這種手勢或用錯時機，可能會讓人覺得他自以為無所不知或是個自大狂。但若使用得當，指塔就能成為有力的動作，並產生巨大的影響力，這種影響力不僅對觀眾有效，還會影響到講者對自己的感受。

幾年前，我和我父母一起參加皇家加勒比海郵輪之旅，我在那裡有一場演講活動。我那活潑外向的老媽坐在課堂前排的位置，志願幫忙打理一切事務，而我那內向的老爸則是出席五分鐘以示支持，因此我沒想到他可以從中學到任何東西。

一年後，我父親因故必須出庭作證。你也許認識我爸那種類型的人。他是你見過最可敬、最認真的人。他生性害羞，在消防署擔任技師，一輩子只從事過兩份工作。他從不寫信給我，因為他認為自己的字不夠好看。他並非哈佛名校出身的讀書人，也沒有百萬年薪收入。在他出庭作證前的幾個月，他一直很焦慮。想到要在法庭上被傲慢的律師、陪審團與法官評斷，他就覺得很緊張。

我在他出庭結束後回家探望他，他走過來給我一個大大的擁抱。「你絕不會相信，昨天我到法庭作證長達三個小時又二十分鐘，」他以道地的波士頓腔說，「我從頭到尾都使用這個動作。」他做出指塔動作，而我大笑。「這叫做指塔，表示自信與權威。」

我說：「是喔？」

他又說：「是啊，律師因為我學走他們的姿勢而不知如何是好。」

我爸學到的其實不僅是指塔。由於他相信這個姿勢代表影響力、自信與權威，因此他也表現出這些特質。我打賭，如果你那天也在法庭，你會看見我爸的聲調、動作、說話方式與頭部姿勢的改變。由於他相信這個動作表示權威，因此他也展現出權威。

▼權力姿勢：一切沒問題的ＯＫ狀指塔

用手比出「ＯＫ」的手勢，表示同意或是肯定，但當它轉為兩指指塔時，就代表某個確切的想法。兩指指塔在陳述重要觀點時最適用。

這種動作偶爾出現在自我觸摸（在桌下觸摸自己的腿），或針對對方的話語快速做出回應時。這個動作可能會洩了某個人的底，顯示他其實嘴上說反對，但心裡卻是贊成的。二○○八年參議員希拉蕊．柯林頓競選總統時，當她提到全民健保的議題，手裡就做出這個贊成的姿勢，彷彿無聲地說著：「只要投票給我，一切都會沒問題！」

蘋果電腦執行長賈伯斯（Steve Jobs）在陳述觀點時使用兩指 OK 狀的指塔姿勢。（Photo by Justin Sullivan／Getty Images）

▼權力姿勢：籃球式指塔

籃球式指塔可說是萬無一失。這種討人喜歡的權力姿勢也經常出現在犯罪影集《神探可倫坡》中。幾乎在每件案子的尾聲，當可倫坡準備好要對質並揭發犯罪者時，他就會一隻手捻著一根雪茄，同時做出籃球式指塔

美國總統歐巴馬使用籃球式塔指展現熱忱與權威。（Photo by Scott Olson/Getty Images）

的動作。他也因此給人留下誠懇、大方與自信的印象。

如果你把指塔動作擴展成好像你正握著一顆看不見的籃球，你就可以擁有看來滿懷希望、討人喜歡、全心奉獻與堅定信念的加分效果。這是讓別人認同你與相信你的最有力的指塔動作。這是一種在任何場合都能運用的權力動作，不管是婚禮、家族聚會、激勵講座、對質或談判。

在某次課程結束的幾個月後，我收到一位女性學員寄來的電子郵件。她已經迷上了指塔。「以前我很害羞，」她告訴我，「但上過你的課，學到指塔動作之後，一切都改變了。現在我不管到哪兒都會使用指塔動作！無論在工作時、在地鐵上，甚至在教堂裡都是如此。現在我更有信心了！」

權力姿勢：攻擊性的手槍式指塔

當孩子頂嘴、說謊或嘲諷你時，你可以做出指塔中最具攻擊性的姿勢。手槍式指塔在政治熱季時的新聞畫面上隨處可見。這種動作在會議室中通常以舉起手、瞄準目標的動作出現。這種姿勢看起來像是一把槍，雙手的食指準備要射擊。手槍式指塔可以被當成驚嘆號使用，用來強調你所說的話，或有力地指出某件事，它也能射倒某人的意見。

小心，使用這種上膛的指塔姿勢，可能會讓你看起來像個跋扈的控制狂。你可以使用它來表示你是認真的，但絕不要在團隊合作時使用它。我最喜歡拿這種姿勢來面對自以為高高在上的老闆，或自認比在場其他人都優越的傲慢人士。這是一種傳達「去你的！」的非語言訊號。

這位女子使用手槍式指塔，準備要射倒前來接近她但她並不感興趣的男子。

權力姿勢：手掌朝下

手掌朝下的姿勢是一種否定或抹殺他人的有力動作。這種動作通常會在握手時出現（如下圖）。當一個人想要讓對方知道自己才是老大時，他就會將對方的手輕扭成手掌朝上的姿勢；而需要展現權威的人，則會用自己的手扣在對方的手上方，形成手掌朝下的姿勢。若要回敬這種展現權威的手勢，你可用另一手「擁抱」住對方的手，這是化解對方權威感的高招。（女士們，當你們想要讓老闆知道你可不是任憑擺布之時，就不要害怕使用手掌朝下的握手方式。）

人們也會以手掌朝下的握手方式來打斷對方的話，表現出自己的支配地位。一個人若使用手掌朝下的姿勢，是想要表示他有主控權、他說了算。

不意外地，這種姿勢含有強烈的負面意味，要謹慎使用。然而，它也很管用，在你必須管教孩子或質問說謊者時，使用這種姿勢就是在說：「注意，給我聽好了，否則後果自行負責。」

舉例來說，在左圖中，左邊穿西裝

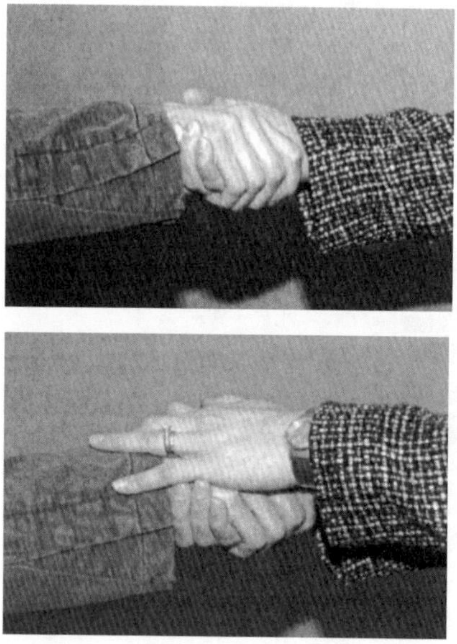

你可以用「手的擁抱」來回敬這種支配狂的握手方式。

在職場中，手掌朝下的姿勢可能是在發送「封閉心態」的訊號。

的男士看起來像是在訓斥右邊的男子，或者好像在駁斥對方的意見。右邊的男子右手握拳、眉毛朝下，露出生氣而困惑的表情，最糟的是，他的肚臍轉離左方的男士。希望右邊的男子不是老闆，如果他是的話，左邊這位穿著體面的推掌男很可能就在下一波的裁員名單裡。

如果把這種動作用錯了地方，例如在你向老闆提出工作報告，或者是向家人借錢時，會迅速累積對方不滿的情緒，導致爭執或更慘的後果。

如果你認為眼前這個手掌外推的人正在差遣你或擺布你，你可以將肚臍轉離他，用手槍式指塔射他，或者如果這位推掌人正坐著，你可以站起來把手撐在腰間，帶出你內在的超人姿勢。或者，你也可以放鬆姿態，身體往後靠向椅子，將手放在頭上做出指塔（就像皇冠一樣）。這種動作代表極度自信，但也可能會激怒對方，因為你表現出：「你根本嚇唬不了我。」不過使用這種非語言的權威姿勢來對付仗勢欺人者，有時候是非常過癮的！總之，你可以偶爾運用手掌朝下的姿勢做出有力的聲明，不過還是要小心使用。

衝著你來的姿勢：比中指

許多人認為比中指是所有權力姿勢中的極限——畢竟還有哪隻手指能激起拳頭與想置人於死的憤怒呢？但我敢打賭，如果你知道人們有多常對你致上中指禮，你會很震驚！

在各地的會議室中，這種權力手勢出現在女人的腿上或傲慢男人的側臉。在緊張的情勢中，中指則成為男女用來推眼鏡與搔鼻子的首選手指。當你用中指觸臉時，這個動作會產生不同的意義嗎？

簡單來說，會。雖然一個人可能只是單純地用中指在抓癢，但若中指一直撐在臉上，也許是表示不贊同、討厭，或類似憎恨與不安的隱藏感受。二〇〇四年三月的《美國偶像》（*American Idol*）節目中，評審賽門・考威爾（Simon Cowell）對另一位裁判寶拉・阿布杜（Paula Abdul）做出這個動作，他用中指撐著自己的頭部。他並非在對寶拉比中指，但他下意識地用這種姿勢表示自己不贊同寶拉的評語。

人們並不是一直在對你比中指，有時他們只是不小心。因此，找出隱藏的義涵（如果有的話）就是你的責任了。

舉例來說，我曾和平面設計師麗莎碰面談一個合作案。我們以前在菸酒槍炮及爆裂物管理局共事過，但彼此不太熟稔，所以安排了一次簡短的會面以討論彼此的想法。

一切似乎都很順利，我們很快建立起關係。事實上，我們聊的時間比原先預定的長很多。接著我注意到一件事。一般人看到可能會以為麗莎是在摩擦鼻子……或者是在對我比中指！

我的心中充滿懷疑。她不喜歡我嗎？她對這項計畫沒興趣嗎？她無意合作嗎？她只是利用我得到一頓免費晚餐？還是她只是鼻子癢？我毫無頭緒。所以我決定開口問清楚。「麗莎，」我說，「也許是我搞錯了，不過是不是有什麼事情讓你覺得很困擾？」

「事實上，沒錯，」她回答

下意識展現中指可能顯露出挫折與傲慢。

七秒戰術 7 誰是老大

問題：這兩張照片中的男子正在展示傳統的指塔姿勢。這種姿勢雖然有力，但在你想要激勵團隊精神、安慰他人，甚或是在約會時，效果仍有爭議。

解決：轉換為籃球式指塔，因為這種姿勢雖然蘊含權威，但更敞開也更帶情感力道。

說，「我真的很喜歡和你說話，但我把車停在路邊，二十分鐘前停車時限就已經到了。我可以再留一個小時，但是我必須先去投些錢到計時器裡。」

如果我直接假設麗莎對計畫沒興趣或討厭我，那麼整個合作案可能就泡湯了。相反地，我注意到這個動作與她的慣常模式不同，因此直接詢問原因，快速解決問題。

我們常會錯誤地假設某種身體語言訊號可能代表哪種義涵。但這種舊式身體語言的謬誤，卻讓我們在處理問題與情感關係上付出了太大的代價。有些姿勢可能會使人聯想到特定情感、意圖或心理狀態，但要記得：不要妄想自己會讀心術！精準識人的真諦，是要掌握行為或動作**改變**的那一刻；而實際應用的重點，就在於讓這種改變為**你**所用。

應用：進階版的權力姿勢

既然你已經掌握了一連串從弱到強的權力姿勢，接著讓我們來看一些進階動作：「抓與放」以及「引導」的動作。膽小的人切勿嘗試這些工具。因為這兩種動作皆包含實際碰觸，就像上了類固醇一樣，能把身體語言帶至全新的境界。碰觸可以作為建立關係或破壞關係的工具，這是我某天晚上在紐約市一間餐館裡學到的重要一課。

➤抓與放

這間餐廳位在紐約市上城西區繁榮的地段，餐廳裡只有不到五十個位置。我們才剛點了餐後甜點與白酒時，一位氣派的年長女士帶著她美麗卻帶點防衛的孫女走進來，在我右側有著軟墊的位置坐了下來。這位女士離我只有一個手臂的距離，因此我開玩笑地對她說：「對不起！你來晚了，我們等不及先吃了，現在正要輪到甜點。」

雖然那位女士已經八十幾歲，但她反應很快地說，「真抱歉，都是因為我孫女想要回飯店換穿牛仔褲。餐點好吃嗎？」

「非常美味！」我回答。我們四個人都笑了。我根本不認識那位女士，但我從家母那裡遺傳到的過度友善特質，總是忍不住表現出來。

與我共進晚餐的朋友偷偷遞了張字條給我，上頭寫道：「我想她是演員克蘿麗絲·莉姬曼（Cloris Leachman）。」我很快瞥了一眼右側的年長女士，在紙條上寫下：「誰是克蘿麗絲·莉姬曼？」當我收到回傳紙條時，上頭寫著：「《瑪麗·泰勒·摩爾秀》（*The Mary Tyler Moore Show*）* 裡的演員之一！」（這是她突然出現在《與巨星共舞》（*Dancing With The Stars*）中大跳探戈之前的作品。）

我再次瞄了眼右側這位有趣的新朋友，我認出是她了。

幾秒鐘後，她開始搞笑並戲謔地批評說牛油沒加鹽。我被她的大膽與機智吸引，結果卻一個不小心冒犯了她！是的，我是不小心的。我打了她的上臂，還笑著說：「你很有名呀？」

「沒錯，我是，」她一臉自信。

「你是不是克蘿麗絲·莉姬曼？」

「對，就是我！」她自豪地說。

真是太妙了！我正坐在史上最幽默的女伶旁邊，而且她真是太酷了！

接下來的一個半小時，我們四人像老朋友一樣聊天，分享自己眼中的紐約有多精采、克蘿麗絲正在拍攝的電影，以及我隔天要去《今日》現場節目擔任特別來賓的看法。在談天說地的融洽時光中，我偶爾還是會用粗魯的動作推一下可憐的克蘿麗絲。

最後她終於受夠了，用一種祖母般的威嚴語氣對我說：「不准再打我的手臂了！就算你要吸引我的注意，也不能像啄木鳥一樣有事沒事啄我一下。你一下抓著我，一下又放開。」她抓著我的手示範一次。

一分鐘之後，在我聽到一個精采故事時，不小心又打了她一下。而她又吼了我。「克蘿麗絲，我真的很抱歉，我是受到我媽的影響。當我們覺得與某人很契合時，都會推一下對方，我不會再這樣了。」

二十分鐘後，我又不小心做出了這種動作。你可以想像我有多糗。我跟她道歉，在我道歉時，我把手堅定地放在她的上臂，用拿熨斗燙平褲子皺摺的力道稍微握著她，然後才鬆開手。（我內心其實很緊張，不曉得自己是否做得過火了）。

「這樣才對！」克蘿麗絲說。

雖然我以教授身體語言的課程為業，但直到那晚我才明白，若是使用不當，即使出發點是善意的，碰觸的反作用力也可能會破壞彼此的關係。

＊《瑪麗．泰勒．摩爾秀》是美國七〇年代著名的電視影集，講述大都會女性的社會地位等相關議題。

千萬引以為鑒。當你要強調某件事，或是在對方與你分享精采事件時忍不住碰觸對方，記得要用愛與熱情堅定地碰觸對方，然後放開。碰觸的動作最少要維持三秒，而不是像我示範的那種突然的推打。

不幸的是，我偶爾還是會習慣性地做出那樣的舉動。但現在每當我出現這種動作時，我就會道歉並與對方分享我遇到克蘿麗絲的經驗！

引導式碰觸

另一種能用來展現力量與自信的方式，就是引導式碰觸。這種細微的碰觸，是指在離開某個地方或走進哪裡時，將手溫柔地搭在對方背上。引導式的碰觸會發送出訊息，告訴對方你知道自己要前往何

社交場合中的堅定碰觸能夠強化彼此的關係。

處，並且能夠引導對方到達那裡，帶有明確的行動方向。由於你正引導他們前往某處，這就使你具有影響力。

當你引導對方進出某個地方時，要確保你的手放在他的上背中央，接近兩側肩胛骨之間。許多美國總統都喜歡用這種動作展現權威並與他人建立關係。舉例來說，歐巴馬總統只要與另一位權威人士並行時，都會使出這種權威式碰觸。（他也會使用拍背的方式來打招呼。）

如果你對對方有意思，可以將手放在他的背部下方，也就是臀骨上端，位置剛好在褲帶上方（這種動作會讓女人融化）。保持這個動作七秒鐘，盡量在你們朝門口前進或一同

具有說服力的暫停

當你在介紹新資訊時，每隔三十到六十秒，就要來個三秒的暫停。其實你只要想想「停三秒」這三個字，時間就差不多了。這會讓聽者的大腦有時間消化新的資訊，讓你成為更有影響力的主持人與領袖。

前往某處時做這個動作，並讓碰觸保持連續而堅定，使用的力道相當於你用來推購物車的力道。要謹慎行事，因為這種動作很容易被解讀為死纏爛打或跋扈無禮。不要在短時間內於同一個人身上使用多於一次，否則對方會認為你是個缺乏權威的肉麻之人。你應該希望自己的碰觸動作就像所有的權力姿勢一樣，傳達出自信與權威，而非焦慮與哀求。

第五天的功課：採取行動！

妥善運用各種權力姿勢，不用開口你就能增進人際互動的自信與力量。這些細微的動作會讓你表現得更體貼與從容；最重要的是，讓你更有自信。進行以下練習，幫助你運用最適合的權力姿勢上壘得分，並且展現更好的自己。

▼**表演時間！**準備好來個特寫了嗎？把你在第一天錄好的影片拿出來，看看自己不知不覺中表現出哪些負面的身體語言。你是否會碰觸自己、低頭垂肩、講話嗯嗯啊啊、動來動去、說話速度太快？拿出你的身體語言成功日誌，記下所有你犯過的「錯誤」。你會驚訝地發現，你竟然能察覺到自己原來有這麼多的基線行為。

如果你夠勇敢，就請一位（或三位）朋友一同觀看影片。問他們是否能找出你至少三個缺乏自信的身體動作。

▼**以指塔示人。**選一種指塔動作，或嘗試所有的指塔動作，在會議中、聽人說話時、強調事情時，使用這個姿勢。現在就來瘋狂地使用指塔吧！

▼**找個榜樣。**注意看看哪位大人物也會採用指塔的動作。研究他們的姿勢，學習他們的身體語言，發送出同樣有力的身體語言訊號。一旦你了解他們的技巧，請試著使用本章提到的任何權力姿勢，讓自己也能與他們具有相同的優勢。

▼**單身者，來場手腕冒險。**一旦你精通權力姿勢這門藝術，讓自己的三個脆弱部位全都露，下一步就是要確保自己雙手放鬆。鼓起勇氣對你的潛在對象亮出手掌、秀出手腕，展現自己。

- 今天一整天就當作好玩，對工作上或街上不同的人亮出你的手腕，讓你更能感受到這個奇妙的肢體工具。
- 注意那些你認為深諳調情藝術與性感魅力的女性是如何運用手勢。
- 看看八卦雜誌上的照片，注意哪些名女人會露出手腕。留意一下安潔莉娜．裘莉（Angelina Jolie），因為她是個最佳範例。
- 研究顯示，男人會受到香草與肉桂味吸引。如果你有興趣，就將這兩種香味的任一種灑在你的手腕上。

第6天

展現最好的表情

你的臉正透露出什麼訊息呢？你知不知道，如果你的臉在放鬆時，額頭平滑無皺紋，嘴角微微上揚，多數人會認為你很友善、可愛、有同情心、體貼、正面、聰明、情緒穩定且富有幽默感？

情感主要表現在臉上，而不是身體上。相反地，身體會顯示人們會如何處理情感。

——保羅．艾克曼

美國菸酒槍炮及爆裂物管理局有個特別但非常重要的任務，就是確保製造和販售槍枝的人確實繳稅。一九九六年，一家大型槍炮製造商涉嫌逃漏稅，局裡指派資深調查員湯姆負責處理此案。聰明且自律甚嚴的湯姆是查核逃漏稅的最佳人選。而我的上級認為，若我有機會觀摩稽核程序的話，對工作應該會很有幫助，因此在該案進行調查的五個月裡，我和湯姆每天都一起泡在一堆稅款文件中。

調查到了尾聲，湯姆和我把稅單拿給該製造商的負責人看。他們算錯了稅款，合併罰金與利息，總共積欠政府超過一百萬美元。不用說，那位負責人肯定不太高興。

兩個星期之後，湯姆又找到了一處小錯誤，對方得再多繳兩千美元。當我們回到那間公司說明錯誤時，這一次負責人選擇不參加我們的會議，而要另一位主管與其他幹部和我們談。

員工帶我們走到負責人辦公室外面的一個開放空間，那兒有張會議桌。會議進行中，我可以看見負責人在他的辦公室裡來回踱步。我注意到他的雙手握拳，咬脣皺眉。他不是生氣，而是憤怒。

所以後來他做出的行為我一點也不訝異——他把一塊錢丟在桌上，怒喊著：「這就是你們回來追討的錢，現在滾出我的公司。」他的血壓一定飆升到天花板了。他失去理性，對著兩個聯邦政府的調查人員大吼：「我受夠了看到你們在這裡。我要打給我選區的國會議員。你們趕快把這些爛攤子收拾好他媽的給我滾出去！」

湯姆與我關上電腦，不發一語地離開。

現在回想起來，如果當初我們可以在隱密一點的地方開會，而不是在這位憤怒的負責人能夠一覽無遺的地點，也許就能避免這種情況。我知道要格外留意對方情緒的轉折，因此當我注意到那位負責人的怒氣時，本該暗示湯姆快點結束會議。但我們並未多加考慮，只是急著想要完成任務。

你也遇過這種事嗎？你是否太專注於完成任務而錯失全局，當你回顧時，才恍然大悟，如果能稍加注意他人的情緒，事情可以有更好的結果？

解讀人們臉部表情的能力，是新式身體語言的基本課題。我們多數人都能輕易看出快樂、悲傷或恐懼的表情。但本章要讓你知道如何辨識出人們臉上更複雜的情感，那些他們並不想要讓你看見的情感。你需要這門技巧，不僅是為了了解對方（並調整你達成目標的方法），還能讓你趨吉避凶！

親身見證：威力團隊成員的轉變

姓名：柯瑞．羅斯
年齡：三十九歲
職業：居家裝潢承包商

■問題在哪裡？

我在人際相處的應對上始終不錯，但我想要更好。我很有自信，但痛苦的成長環境和兩段失敗的婚姻，帶給我不小陰影。我對職場和個人的自我成長非常感興趣。我想要更了解他人，並散發出成功與可靠的形象，好贏得顧客的信賴與生意上門。

■改變與進展

對我來說，身體語言七日計畫可以總結成兩個字：覺察。

我獲得了通關密碼，得以一窺人們選擇隱藏或壓抑的內在自我。這真是影響深遠。

我認為第六天的課題是整個課程中最棒的。我大幅矯正了自己在說話時的臉部表情，我領悟到，我必須柔化自己的形象。我不矮，若再加上原本的嚴肅氣質，有時看起來就很嚇人。

現在，當我前往客戶那裡估價時，我會特別注意使用適當的身體語言。人們比較容易對面帶微笑的人產生好感。現在我會仔細留意潛在顧客的反應，衡量自己拿到生意的機會。我發現將身體語言的工具搭配上我的業務經驗，就能讓我快速與他人建立關係，並判斷這種融洽關係是真的還是裝出來的。

最近我談成了更多生意，原因有二。一、我真心相信自己的人際往來技巧有所進步。二、有了更精進的社交技巧，我就能將熱忱傳染給客戶，然後他們也會滿懷熱忱地替我做宣傳；這是一種良性循環。自從我實踐了身體語言的七日計畫後，我已經完成了兩件廚房裝修案（總價超過十三萬美金）。

我的生活也因為這項課程受益。無論是細微還是顯著的臉部表情，我都更加注意自己的表現。

精準識人：偵測四種危險的微表情

一個人的一切都跟他臉上的鼻子一樣明顯。不管你是來自古巴西邊的山區，還是來自加州的谷地，每個人都有四十三條顏面肌肉，可以做出相似的臉部表情。

研究先驅保羅·艾克曼博士證實，人類有七種共通情緒，這七種情緒牽動著人類臉上相同的肌肉區塊。在艾克曼早期的研究生涯中，他相信臉部表情乃是經由學習而來，是家族和其他社會影響刻印在我們臉上的。但隨著研究進展，他愈來愈相信達爾文的理論，認為臉部的表情是與生俱來的。為了發掘真相，艾克曼旅行到巴布亞新幾內亞。他在那裡發現了富雷族（Fore tribe），一支與外界隔絕、類似石器時代社會的高山原住民，而這些族人能從夠照片上，精確辨識出未曾謀面之人的表情。根據這項研究，艾克曼博士主張全人類都具有以下六種共通的情緒：

——生氣

——厭惡

——恐懼

——快樂

——悲傷

——驚訝

他後來又加上了第七種：輕蔑

生氣

- 緊抿著嘴
- 皺眉蹙眼
- 像狗兒準備攻擊一樣閃出牙齒

快樂

- 兩邊嘴角朝耳部上拉
- 眼睛張開的程度縮小

輕蔑

- 撇嘴
- 注意：這是唯一一種只出現在臉部單側的表情

悲傷

- 嘴角朝下，嘴巴開垂
- 眼皮沉重
- 呈八字眉
- 注意：在假裝難過時，最難做出的動作就是八字眉

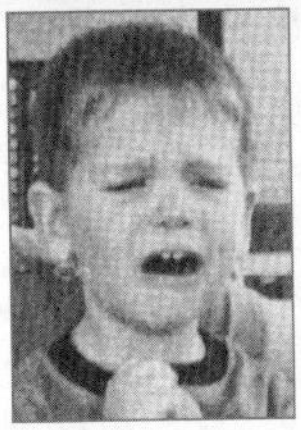

厭惡

- 上唇上拉
- 擠眉皺鼻
- 注意：通常只會看見上唇上拉

驚訝

- 嘴巴打開
- 眉毛上抬，雙眼睜大
- 注意：驚訝是所有情緒中最快速的一種，而且不到三秒就會轉變成另一種情緒

恐懼

- 咧嘴
- 張大眼睛
- 眉毛抬高

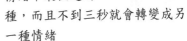

你可以從每個人的臉上清楚辨識出上述每一種情緒。根據艾克曼的理論，情緒會表現在臉部表情上，並隨著人類進化而發展——這些表情是我們讓他人知道我們偵測到危險的方式。

從穴居時代以來，顯然我們已經學會了一些隱藏自己真實情感的方法。（一點也不醜，真的，你戴那頂帽子真好看！）但是我們仍保留了一些受生理驅動不自覺的臉部表情，有些表情持續不到四分之一秒。艾克曼把它們稱為微表情，如果你知道如何捕捉這些表情，你會訝異它們透露出多少想法與感受。

基於信任，我們會接收人們所展現的第一個表情，然後在對方露出真面目時才覺得上當受騙。舉例來說，新任上司第一天到職，初到此地的他面帶微笑、眼睛閃閃發亮。他好像等不及要加入這個團隊，他讚美你和同事的辛勤努力。但兩個月過後，你每天拖著疲憊的身軀上工，希望能偷偷溜進小小的隔板裡，不被那位已經不再愛笑愛鬧、患有權力飢渴症的怪物上司發現。

這是怎麼一回事？有什麼辦法可以及早發現頂頭上司是個超級麻煩？

有一個辦法，就是學習如何偵測對方臉上一閃而逝的微表情。如此你在對方新官上任時，就可以注意到他不小心洩漏的不屑表情，以及一閃而過的皮笑肉不笑或假笑，這些其實正是輕蔑與自以為是的表現。我稱這種表情為「殺手的輕蔑」，是代表著大禍將至的四種微表情之一。

微表情無法告訴你的，是人們為什麼會有那種感受，但在下一章，你將會學到如何提出問題，讓對方洩漏更多心意。現在，我們要來探究如何偵測重要的臉部表情轉變，以察覺四種危險的表情訊號。一旦你能辨識這些時刻，就能更快獲得真相；如果必要的話，要趕緊開始準備尋找下一份工作。

偵測危險的微表情

為了符合本書七日計畫的目的，在此我要介紹四種微表情，這些表情全都帶著偽裝，因此我稱它們為「危險的微表情」。

- 精神病態式的快樂（又稱『欺騙者的愉悅』）
- 閃現的怒氣
- 掩藏的厭惡
- 殺手的輕蔑

要把情緒對應到臉部肌肉的運動，首要之務就是明白解讀臉部表情是很困難的：我們很容易混淆各式表情。舉例來說，恐懼與驚訝的表情具有相似之處：眉毛上揚、嘴巴張開。但熟能生巧，經過觀察與訓練，所有人都能改進偵測能力與解碼臉部表情的技巧。

記住這一點，現在讓我們一起來看看四種危險的微表情。

😐 **精神病態式的快樂，又稱欺騙者的愉悅**。某天我正要走進華盛頓市區的一家銀行進行演講活動時，我的手機突然傳來震動。電話的另一端是《內幕》（*Inside Edition*）這個節目的製作人。他們想要探討一宗發生於麻州霍普京頓鎮的謀殺案，一個年輕媽媽和她九個月大的女兒遭到殺害，而案發地點距離我的故鄉不到三十哩。

死者的丈夫，同時也是受害女嬰的父親，是出生於英國的電腦程式設計師奈爾·恩特索（Neil Entwistle）。當法庭上展示瑞秋與九個月大的女兒莉莉安浴血蜷縮在一起的犯罪現場照片時，奈爾掩面哭泣，至少他的律師想讓我們如此以為。然而，奈爾卻不小心露出喜悅的表情。「奈爾不可能在笑，他很悲傷。他失去了妻子，失去了寶寶。你們都聽證人說過他是個充滿愛心的父親，也是好丈夫，」他的律師說。

開庭後的當晚，我擔任《內幕》的來賓。在看了法庭短片之後，我講出自己所看到的。「他（奈爾）洩漏了自己對眼前所見的真實感受，」我說，「如果這種神情只維持幾分鐘，我會說那可能是因為他很緊張。但這不是悲傷。他面露燦爛笑容，連眼角笑紋都出現了，就算不是身體語言專家也看得出來，這不是悲傷。這不是哀痛的神情。」

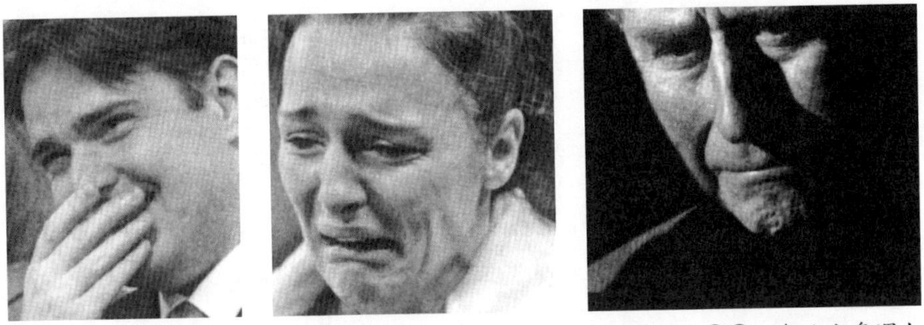

左：殺害自己妻子與九個月大幼女的嫌犯奈爾．恩特索。中：二〇〇八年北京奧運女子手球銅牌賽中，遭南韓選手擊敗後哭泣的匈牙利選手提米婭．托特（Timea Toth）。右：出席慈善晚會的英國王儲查爾斯。（Photo by Getty Images）

奈爾臉上顯露的是罪犯常見的表情，特別是心理變態的罪犯。所謂欺騙者的愉悅，表示欺騙者從欺騙行為獲得滿足，因此展現出快樂的表情。說謊者因為成功欺騙了對方，在那一刻感受到自豪與樂趣。所以當情感與情境不吻合時，你應該自問：「此時他應該要情緒崩潰，為何他卻感到喜悅？」

看看上面的照片。其中有一張不該放在這裡。哪一張照片與其他照片格格不入？

你看出來了嗎？左圖奈爾的照片並不符合悲傷的表情。事實上，他根本就是在笑。人在真正感到憂傷或哀慟時，嘴角會往下，眉心緊鎖。而奈爾正在展示欺騙者的愉悅。

欺騙者的愉悅不僅可以在謀殺犯身上觀察到。還記得我們前面講過的討人厭的上司嗎？他在到職的第一天露出了殺手般的輕蔑神情；也許他是真心展露喜悅的笑容，因為他不是最優秀的人選，卻獲得升遷，因而心生欺騙者的得逞笑容。（有一種分辨假笑與真笑的方法：短於三分之二秒或長於四秒的笑容，通常是假笑。）

☹**閃現的怒氣**。多數人都對怒氣很感興趣，也很愛看別人生氣，不過前提是保持距離觀看。不管是看見曲棍球選手打架，或者看著電視節目裡的觀眾互丟椅子，還是看小甜甜布蘭妮用雨傘攻擊狗仔隊，只要看到爭執發生，我們似乎就難以轉移目光。但若爭執是衝著我們而來，進入我們的個人空間，那可就沒有那麼好玩了！

一般來說，人們認為憤怒是最強烈也最具攻擊性的情緒。怒氣是一種自然的情感狀態，範圍從溫和的惱怒到沮喪、甚至到暴怒都是。雖然某些怒氣能保護我們免於受傷，但我們在此不打算討論怒氣的正

足球明星貝克漢（David Beckham）踏進裁判的個人空間（離裁判不到三步距離），在爭論時露出憤怒的表情：皺眉張嘴。（Photo by Getty Images）

面意義，我們把重點放在它的毀滅效果。

怒氣的表情在體育競賽或真人實境秀裡是可以被接受的，但在家庭或職場上，大發雷霆可能會扼殺親密關係。當你周遭有人顯露出怒氣時，你就該舉起警戒紅旗，謹慎行事。

人們會因為以下幾種原因而憤怒：

- 當別人讓我們覺得失望、對我們食言、與我們作對，或是欺騙我們。
- 焦慮可能會激起攻擊與憤怒；憤怒的情緒會讓焦慮者感到大權在握。

從驚訝的表情看出端倪

根據我執法的經驗，真正無辜的人會展現最真誠的驚訝表情（眉毛彎起，嘴巴張開並放鬆）。而有罪的人通常會露出類似驚訝的恐懼表情（眉毛直線上抬，嘴巴張開），但如果這種表情持續過久，就會成為一種有意隱瞞的表示。因此，當你質問孩子車身上的刮痕是怎麼來的，或是質問員工收入金額為何短少時，就要注意對方眉毛與嘴部的動作，以及動作維持多久。如果他們的驚訝反應過長，你就找到了偵測點。

- 當人們因為無法達成目標而退縮時，會感到沮喪且容易憤怒。
- 說謊的人通常會對愈來愈接近真相的人展現出怒氣，他們怕自己會被揭穿，因此他們會使用攻擊式的手段來驅趕想尋找真相的人。

有些人可能有長期的怒氣問題。根據哈佛大學最近的研究顯示，有一千六百萬的美國人患有你從沒聽過的心理疾病：「間歇性狂暴症」（Intermittent explosive disorder）。患有間歇性狂暴症的人，常會無法控制怒氣而對問題反應過度，也許是因為他們在怒氣爆發時會覺得得到了抒發和釋放。在怒氣爆發過後，他們通常會極為後悔，然而這也無法阻止他們下一次的怒氣爆發。患有間歇性狂暴症的人，可能會因為一丁點的刺激就大發脾氣，對人或物施以攻擊，造成身體或他人財物的傷害。他們喜歡用言語暴力來威脅人；雖然他們本來就有憂鬱、焦慮、藥物及酒精濫用的傾向，但這種心理失調卻不是這些問題所造成的。

這些徵狀聽起來好像你認識的某個人嗎？一旦你開始注意到怒氣的細微徵兆，就能更深入了解情勢並保護自己免受傷害、欺騙或難堪。以下是當你看見極端憤怒時要如何應對的法則：

法則一：如果你察覺到自己可能將免不了遭受言語或身體的攻擊，就要減少與對方的眼神接觸。遮住腹部、喉嚨或淘氣部位讓自己縮小。別再說話，同時慢慢往出口移動。不要問憤怒的人他們動怒的原因，也不要理性勸告他們不要動怒，因為此時難以用理性與他們相處。舉例來說，如果當你告訴上司你要辭職時，發現她臉上一閃而逝的憤怒訊號（皺眉挑眼或抿嘴），千萬不要問她是不是生氣了，這麼做可能會催化對方的言詞攻擊。

法則二：如果你喜歡這個人，而且認為與對方談談有可能幫助他平息怒氣，那就試著讓對方一吐為快（我們在下一章會更詳細討論這項技巧）。舉例來說，如果你四歲的孩子正在鬧脾氣，你可以對她說：「我知道你很難過不能在下雨天盪鞦韆，我想你對媽咪很失望。你要不要說出來呢？」注意，我沒用「生氣」這個詞。

當人們生氣時，他們會覺得自己不可能有錯，千錯萬錯都是別人的錯（當然，你自己也可能會這樣）。如果你看見這個模式，就要小心行事。將心態調整為包容和耐心，甚至還要加上大把的慈悲心。但務必記住，也許你說什麼或做什麼都無法使對方冷靜下來。問題不在於你，而在他們身上。更重要的是，要小心安全。

☹ **掩藏的厭惡**。厭惡是輕蔑的親戚，也是一種強大的情緒，若是不加抑制，可能會升級為憤怒、憎惡或爭吵。厭惡的徵兆，就是皺起鼻子、上唇扭曲、臉部皺縮、眉頭緊蹙。我們表現厭惡的時候，就是我們感到……呃……厭惡的時候。

如同其他的身體語言一樣，唯有找出一個人的基線行為後，才能注意到對方打從心底出現的厭惡表情。好比說，我的嘴唇很薄，因此即使當我臉部放鬆時，不認識我的人可能還是會以為我在生氣或心生厭惡。（幸好我的個性跟憤怒與厭惡天差地別，因此人們不會抱著錯誤印象太久。）

☹ **殺手的輕蔑**。輕蔑就是瞧不起，是一種自以為是的情緒，出現於一個人認為其他人或事物較為低劣或沒有價值時。它的特徵是冷笑（臉部單側要笑不笑）。輕蔑不一定是欺騙的指標，但可能會成為某個人將自己有害他人的作為或敗德行為正當化的徵兆。

輕蔑的表情通常出現在有罪者申辯自己無罪時，例如判刑確定的謀殺犯史考特・彼德森（Scott Peterson）。壞人在接受警方訊問，以及當他們自認騙得過對方時，常會不自覺地流露出輕蔑的神情，而不是表現出憂心或震驚，

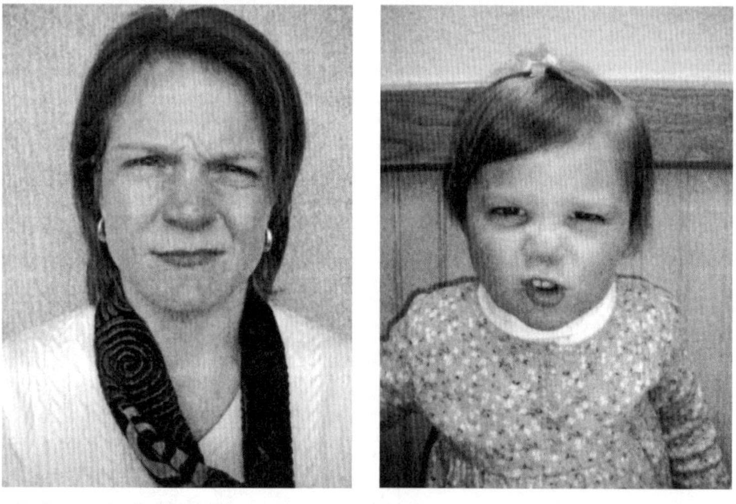

有其母必有其女，我最小的妹妹凱琳與她二女兒示範「厭惡」的表情。

或表露出多數無辜之人所流露的驚訝。（這壞人可能是你的小孩、員工或上司，任何相信自己比你優越或占上風的人都有可能。）

根據華盛頓大學心理學榮譽教授、以研究人格特質影響婚姻長度著稱的約翰・高特曼（John Gottmen）博士的研究發現，輕蔑是婚姻的殺手，因為它代表著自以為是。作家麥爾坎・葛拉威爾（Malcolm Gladwell）在其著作《決斷兩秒間》（*Blink*）一書中，強調高特曼博士有九成的準確率能預測出哪些新婚夫妻可以維持婚姻，哪些又會在四到六年後離

開心點，你就能拿到訂單

根據維吉尼亞大學最近的一項研究顯示，好友很難察覺彼此隱藏的怒氣，但點頭之交相對來說卻比較能看出對方怒氣的徵兆。這是因為朋友們會假定我們心口合一。但在與陌生人進行商業性的接觸時，責任就在我們自己身上。切記：你的新客户沒有那麼多心力投注在你身上。如果他從你臉上察覺到憤怒的微表情，即使那是因為你亂停車吃了罰單，他可能以為你對這樁交易、談判或計畫不高興，或更慘的是，他會認為你是個惡霸。因此在你走進任何商業會議之前，要先釋放怒氣，不然可能會讓你付出不小代價。

用YouTube精進你的探測技巧

魔術師暨特技表演者克里斯・安吉爾（Criss Angel）有一次在歐普拉的節目上表演，他能夠猜出主持人在數字 1 到 100 之間選了哪一個數字。他是怎麼做到的呢？心電感應？預知未來？透視眼？魔術？可能都不是，而是運用微表情與隱藏指令（embedded commands）。隱藏指令就是跳過意識理性，直接對潛意識心智說話的語言模式。

安吉爾不斷告訴歐普拉：「不要給我任何提示。」他甚至告訴歐普拉，自己正在注意她的行為模式——她的眨眼、呼吸，還有驚訝的微表情：她的眉毛微微挑起，並在他猜測她選中的號碼時頭部出現細微擺動。安吉爾藉由發出反面指令，把歐普拉的注意力吸引到句子中「不要」之後的話，下意識地告訴歐普拉要提供暗示。同樣的道理，「不要跑到街上」的命令也不如「待在人行道上」的命令來得有效果。（讀者可上網站，輸入關鍵字「Criss Angel on Oprah 2007」，搜尋歐普拉與安吉爾的影片。）

婚。而他判斷的關鍵是什麼？就是夫妻一方是否會不自覺地表露出輕蔑的態度。

當人們陷入輕蔑的情緒裡，他們會對自己的評價極高，給人留下冷漠、自大與出言不遜的印象。他們通常會期待別人把他們看不起的人或物給移走，或者他們覺得那個讓人看不起的人應該自行離開。如果那個人或那個東西沒有被移走，感到輕蔑的人會採取以下行動：撤退或接近。

為了安全起見，我們總要做好最壞的打算。以下教你如何應付最棘手的輕蔑情境。

輕蔑的人	應對方式
青少年	你必須在頑強的青少年顯露出輕蔑表情之前就保持警戒。當孩子露出瞧不起的態度時，情勢就非常棘手；有些親職專家認為，碰到這種情況父母幾乎束手無策，你的孩子相信你做出很糟的事，所以失去價值，對你說話根本是浪費生命。若要避免這種態度發生，就要留意對方行為的轉變。也許他愈來愈少和你說話，自己待在房間裡的時間愈來愈長。你要自問為何如此：是否發生什麼事讓他產生這種感覺？採用縮小的站姿、敞開的手掌來接近孩子，採取低於他身高的姿態。去了解他的感受，問問他：「我是否做錯了什麼事？」即使你認為這不是你的錯。如果他對你已經顯出瞧不起之意，你還是必須找出原因，否則你就找不到解決方法。讓你的三個權力部位保持敞開（頸窩、肚臍與淘氣部位），採取比他還低的坐姿，並與他分享你的感覺：「當你這麼做時……你讓我覺得好像……」如果他說：「誰在乎阿？」你要說：「我在乎，我真的很擔心。」
自以為無所不知的人	無論你怎麼做，那些自以為無所不知的人通常都會顯露出輕蔑的姿態。首先，你的動作應該要反映出他們的身體語言。下一步，承認他們的看法是對的，讚美他們，然後說（也只有在這時才能這麼做）：「這一次，我們要採取另一種方式。」注意，也許有些時候他們還真的知道答案！
求職應徵者	如果你正在招募員工，小心那些看起來很有魅力但顯露出輕蔑態度的人，因為對公司而言，他更可能是個麻煩人物。確保你已經連繫過他的介紹人，並請對方提供三個認識他並能跟你談談的人（例如隔壁鄰居、讀書會成員或前同事），這些人必須不是應徵者自己列出的人選。這是聯邦調查局的做法，而且很有效。事前稍做研究，可以幫你避免浪費幾千美元的訓練費與重新找人的時間！

在危險情勢中啟動腦力

當一個人經歷出乎意料的極度不安時，他們的思考就會跳過較高層次的理性大腦皮質層，直接前往腦部最原始的部分：杏仁核。這就是為何聰明人在極大壓力爆發時常會做出蠢事。

若想保持安全，就要遵照以下三個步驟，及早準備好你的大腦與身體，以免到時你需要冰敷眼睛周圍的瘀青：

▼**預先警覺**：就像運動員會想像自己表現完美一樣，你也可以讓大腦預備好面對生活中的潛在壓力。為了演練反應，想想幾種假定的危險來源，例如劫持、搶劫、意圖強姦等狀況，並想像你在面對這些危險情勢時要怎麼辦。光在腦中「演練」下一步，也能幫助你在措手不及時清晰思考。

▼**隨時警覺**：隨時隨地對周圍環境保持警覺。不要低頭走路。罪犯說他們尋找的下手目標，通常就是看起來緊張不安的人。我的好友法蘭克任職於毒品情報中心（National Drug Intelligence Center），他警告說：「一旦對方的肩膀鼓起，下巴朝胸膛縮，像是一頭要暴衝的牛一樣，你就要小心了！他可能正決定是否要直接衝向你！」

▼**冷靜逃脫**：當對方顯然正進入腦部退化的狀態時，你要用冷靜的音調說話。為了安全起見，你要盡量讓他回復正常狀態，好讓你自己全身而退。你可以對突然失控的人說：「我沒有要傷害你。我要走了。你安全了。」若要回應他的任何話，你只要說：「你說的對，對不起。」（不可語帶嘲諷。）然後盡快離開。

前大聯盟投手羅傑．克萊門斯（Roger Clemens）的妻子黛比．克萊門斯（Debbie Clemens），在關於大聯盟選手使用類固醇的聽證會上，面露輕蔑之色。

應用：展現最好的一面

臉部是一個人的特色、行為與整體個性的重要觀測點。多數人在初次見面時，都會依照對方的臉部特徵很快地做出判斷，即使雙方從未有過交談。例如：有些人認為厚脣的女性很性感，而薄脣的女性較有主見；凸眼的男性屬於神經緊張型，額頭高的男性則較聰明。這種「歸因理論」（attribution theory）也許不甚公平，那樣的假設也不全然正確，但這是我們每次相遇時都必須面對的現實。

從出生開始，我們就會基於別人的臉部表情來做出情感回應與決定。想像一下你剛學會走路的孩子正站在樓梯頂

七秒7戰術
別再浪費時間

問題：有間大企業的教育訓練副總，在討論人類的共通表情時給我看了這張照片。左圖，你可以看見她的三歲女兒對攝影師露出輕蔑的表情，因為攝影師試著逗她笑。（注意她臉部的一側提起，露出假笑或是輕蔑的皮笑肉不笑。）而右圖，這個女孩以端莊的微笑回應另一位攝影師的讚美與恭維。雖然一個三歲小孩對我們不太可能構成巨大的威脅，但她的照片卻有助我們清楚看見善意的禮貌微笑，與因為瞧不起他人言行而露出的假笑，兩者之間的不同。

解決：如果你與某個合作對象無法契合，對方還流露出輕蔑的態度，唯一的補救之道就是把這個任務移交給別人。難以對輕蔑的印象採取有效的補救措施，因為輕蔑是對話的終結者。如果對方是客戶，那麼你只是在浪費時間想要贏得他的心。而如果對方是家中的青少年，你得更有耐心熬過這段叛逆時期。

端，推開那扇鬆開的柵門。你會有什麼反應？孩子在遠遠的地方就能偵測到你的恐懼；他會從你的眉毛、張開的嘴巴與繃緊的神情認出恐懼的表情，然後他就明白自己不該去推那扇門。

這就是我們認識這個世界的方式。當嬰兒與孩子遇到不熟悉的事物時，他們會看著父母的表情，尋找要如何回應的線索。在一項研究中，七成五的寶寶在媽媽臉上並未流露恐懼神情時，可以憑著媽媽投給他的一抹自信微笑就爬過一個「視覺懸崖」(visual cliff)*。但如果媽媽面露恐懼之色，即使是最細微的表情，也沒有寶寶會願意冒險。

即使是十個月大的寶寶，靠著觀察大人的臉部表情並聽聞他們的聲調，就能運用這些資訊來決定要怎麼做。這種社會參照（social reference）也是成人每天都在做的事：我們從生活中遇到的各種人身上接收各種無聲的訊息。

社會參照是生活不可或缺的技巧，它教導我們如何辨識、理解並適當回應霸占我們停車位的憤怒男子、近來因為失去丈夫而傷心的同事，以及家中最近開始抽菸的叛逆少年。這也表示，人們無時無刻不在看著你的臉，解讀你的表情。

---

* 所謂視覺懸崖是一種嬰兒的知覺能力測試。實驗者設計了一個舞台，左右具有高度落差，然後在舞台上鋪一層透明玻璃，讓嬰兒在上面爬行。嬰兒爬到中間時，即使他摸得到前方的透明玻璃，仍然不敢再往前爬去，這證明了人類從小就已經對深度有所警覺。

所以你的臉正透露出什麼訊息呢？你知不知道，如果你的臉在放鬆時，額頭平滑無皺紋，嘴角微微上揚，多數人會認為你很友善、可愛、有同情心、體貼、正面、聰明、情緒穩定且富有幽默感？但如果你慣常的臉部表情是額頭皺起、嘴巴往下撇，人們可能會認為你具有攻擊性、緊張、沮喪、心理不平衡、不高興、易怒，而且喜歡評論別人。把臉部表情當作你的成功警示，確保你的臉與自己的聲音和行為發送出相同的訊息。如果你的臉上有那種沙皮狗似的皺紋，就要刻意保持友善的微笑，確保你的身體語言是敞開的，並發出邀請的訊息。今天的功課就會練習到這些技巧。

用臉部來發送訊息的另一種方式，就是結合手勢與表情：撫觸臉部。

撫觸臉部

除非是雙胞胎兄弟姊妹，否則沒有人擁有與你相同的長相。臉部表情讓你能與別人溝通，也讓你能充分享受五官感覺。你會想撫摸臉部是很正常的現象。但若是不加節制，將會發送出錯誤的印象訊號。

😐 **把臉撐在手上和把手撐在臉上。**信不信由你，這兩者是有差別的。如果你把臉撐在手上，看起來就好像是感到很厭煩，彷彿手是唯一能撐起你頭部的支柱。相反地，把手放在臉上會讓你看起來興致勃勃，彷彿正在深思或考慮別人所說的話或做的事。因此，一旦你

手指放在嘴唇上暗示你心中藏著許多想法。

發現自己正把臉撐在手上，就轉換一下，變成手放在臉上。即使你內心覺得無聊乏味、昏昏欲睡，表面上你也會看起來深感興趣，好像正在深思熟慮。（記住：身體語言不是你想要它表達的意義，而是別人解讀出來的義涵。）

😐 **搔鼻子**。鼻子除了聞味道之外，也是透露一個人腦袋在想什麼的重要指標。當我們在欺騙他人時，鼻子的血管就會收縮變紅，就像臉紅一樣。人們會本能地把手放在鼻子上蓋住紅潮。然而，男人鼻子上有結締組織，因此他們會因為想到其他的……而搔鼻子。不過，還是有可能只是因為鼻子癢。

😐 **手放嘴上**。手放嘴上的人要小心了，這是震驚與驚訝的招牌動作。尤其如果你用手蓋住整個嘴巴時，許多人會認為這是一種不認同的表示，好像你把嘴巴封起來一樣。

而把手指放在脣上，很可能是在表示我們的心裡正盤算著。雖然有些人相信這種動作是表示不贊同對方的言行，卻也有些人認為這表示此人正在深思熟慮。如果你發現自己正出現這種動作，那麼最好把手轉換成以下動作……

我那超級親切的法蘭西叔叔總因為面無表情而看來有點深不可測。

😐 **抓握或摩擦下巴**。抓握下巴被視為是思考的訊號。世界級領袖或社會精英常會做出這種動作。把手放在下巴處，散發出智慧與沉思的訊息，但如果使用不慎，結果可能會看起來像是糟糕的以手托著臉。想要見識這種動作的高手，可以看看已故電腦大師賈伯斯，他幾乎在每場演講中都會擺出這種姿勢。想要看起來更聰明？那就效法賈伯斯把手擺在下巴上吧！

😐 **面無表情**。每個人都會有臉部沒有任何表情的時候。臉部肌肉放鬆，不帶笑容，不皺眉，也未顯示任何情緒。我們的臉就只是……一片空白。即便如此，這種表情還是會告訴他人一件事：請勿打擾。不發送任何臉部訊號，對他人來說是一道牆。你看起來不是很友善，卻也沒有攻擊性。你只是一團謎。

你的臉上始終都要有表情，但要確保這個表情是好的，即使你只是單純在想：「我知道你所不知道的事情。」也要保持好的表情。父母常會告誡孩子說，如果你一直做出那個表情，你的臉就會真的變成那樣。他們說的可能是對的。一輩子沉著臉、暴躁易怒、擠眉弄眼，都會留下痕跡。建議你最好開始微笑，而且現在就開始！做做以下練習，幫助你展現最好的表情。

第六天的功課：善用臉部表情

這些練習能夠幫助你增進識人的技巧，讓你在麻煩出現之前，就能察覺並偵測到四種危險的微表情。它們也能幫助你展現更愉悅友好的面容。

▼**出門看球賽**。前往遊樂場或去觀看球賽。只要是大批群眾聚集的地方都可以，你會看見各式各樣的情緒表情。練習觀察的藝術。

▼**做表情**。拿出一面鏡子，做出本章照片裡的各種臉部表情。完成以下臉部實驗，看看你的面貌正對他人訴說何種訊息：

第一步：請朋友拍下你臉部的三張照片。

- 當你放鬆地坐在家裡或辦公室時，你的表情是什麼樣子？
- 嘴角微微上揚，不要皺眉。心裡想著某件值得開心的事將要發生。
- 稍感壓力或生氣時的照片：額頭微蹙，嘴巴繃緊，做出嚴肅的表情。

第二步：把照片夾在紙上，並在照片下方列出以下特徵：

A：快樂、友善、富有同情心、正面、聰明、情緒平穩、幽默感

B：不快樂、攻擊性、緊張不安、負面、逞強、心理不平衡、易怒

第三步：接下來請你的朋友或家人到公共場合，找十個人觀看每張照片。請他們針對每張照片，在上述項目中選擇A或B。他們要圈選自認為最能描述照片中人物的形容詞。請你的朋友告訴參與者他們正在測試人們解讀臉部表情的能力，如此參與者才不會覺得自己會傷到任何人，而不敢選負面的答案。

第四步：檢視結果；看看你的臉表情所洩漏的是否比你說的還要多。你是否驚訝於人們就你的表情所選出的特質呢？你的基線行為比較接近開心的照片，還是不開心的照片？這些資訊如何幫助你使用新式身體語言來達成目標？

▼**玩玩比手畫腳、看圖說話或其他非語言的遊戲**。以遊戲的方式來測試新發現的身體語言與臉部表情。邀請朋友來家裡玩樂一下。如果你還沒告訴他們自己正在實行身體語言改造計畫，那就先不要說出來！你之前學到的身體語言知識，將能幫助你看出玩伴們是勝利、失敗或單純只是在思考。

▼**將情感帶入高點**。我的好友克里斯（他是我第二批身體語言威力小組的成員）是一位即興表演天才。他教我一個他在芝加哥即興表演課程上學到的練習。這項練習是用來訓練演員以用字遣詞、聲音語調、身體語言與臉部表情增進表達能力，讓他們能更多元地表現情感。即使你並未從事即興表演、脫口秀或是演戲的工作，但如果你遵照以下五個步驟，就能了解自己如何表現情感。

第一步：選擇一種情緒來練習：快樂、悲傷、憤怒、厭惡、忌妒、怪罪、驚訝、恐懼、焦慮等都可以。

第二步：找個夥伴，彼此面對面，相隔至少二十步的距離。

第三步：初級，用不明顯的方式來展現自己選擇的那種情緒。然後往前靠近彼此一步，展現第二級的情緒，直到達到十級為止，也就是當著對方的面用最強烈的方式展現。

第四步：一步接著一步後退，把情緒弱化直到退回第一級。（只要你喜歡，你可以一直用不同的情緒主題重複這項練習。）

第五步：回答以下問題：

- 你們其中一人是否在第十級以前就已經表現出最強烈的情緒了？（本練習對那些不自覺就會讓情緒迅速從第一或第二級增加到第十級的人，格外有幫助。這些人常會因暴怒而把他人排拒在外，或在感情稍微受傷時就情緒崩潰並準備報復！）
- 如果你在到達第十級之前就已經表現出最強烈的情緒，這個現象是否有助你處理現實生活中的情緒問題？（有時候光是練習到中級的情緒反應，就能讓人們明白正確與可供替代的反應模式。）

▼吸入鎮定，呼出恐懼。在我任職於菸酒槍炮及爆裂物管理局時，必須通過脫逃與避難的測驗，這是一堂自我防衛的課程，目的在教導執法人員如何安全脫身。這堂課就好像大學裡的防身術課程一樣，包含打擊與踢踹主要神經部位、格鬥，甚至還有如何讓打算殺害我們的嫌犯繳械（不過沒人希望會有派上用場的一天）。而我學到最寶貴的技巧之一，正好就可以在恐懼無預警發生時派上用場。

在恐懼的情況下，我們都會經歷一連串特定的生理反應。心跳加速，精細動作技巧（如書寫、繪畫、抓握小型物件或扣鈕子）衰退，以及操作能力下降，我們無法思考要怎麼辦才好。而在這一切精細動作技巧消失時（例如手臂與腿部的大肌肉運動），血壓也會跟著飆升，理性思考會停工。還真熱鬧，對吧？

若要中斷這種恐懼導致的「灰視」(gray-out)*，你可以實行一種警察在戰鬥時使用叫做「戰略性呼吸」的呼吸技巧。這種簡單易學的呼吸方式，能夠讓你混沌的心智馬上恢復清晰，在幾秒鐘之內讓你重新冷靜下來。現在就閉上眼睛，試試整套過程：

第一步：用鼻子吸氣數到四，讓下腹部充滿空氣。
第二步：憋氣數到四。
第三步：用嘴呼氣好像吹口哨一樣數到四。
第四步：憋氣數到四，然後重複這個過程。
第五步：重複這套動作四次。

* 所謂灰視是指仍有知覺，但無法視物。

不要讓恐懼阻止你採取行動！恐懼的力量取決於它在你心中的強度。在極度不安的情境中採用戰略性呼吸法，能改變恐懼的強度，讓你重拾勇氣。放膽去做，衝出你的安全地帶，開始成長吧！

第7天

QWQ公式和其他進階技巧

傾聽是被許多人忽略的重要技巧。我們都想與他人分享自己有多棒多迷人！幸運的是，你是最了解自己的人，因此你有成千上萬的資訊可以與他人分享。個人資訊如此豐富，這正是你為何應該傾聽而非說個不停的原因。

> 樂觀的人在每個危機中都看見機會；悲觀的人在每個機會中都看見危機。
> ——前英國首相邱吉爾（Winston Churchill,1874-1965）

多數人都講太多了。我們的文化推崇「能言善道」者，認為他們才是有影響力的人。然而，如果你懂得提出好問題，耐心傾聽答案，往往可以得到更多有用的訊息。

我最近聽說一位中學教師辛蒂採用了QWQ（Questions, Wait, Questions）公式，也就是提問、等待、再提問，以遏止學生進行「交換祕密」的勾當。也許你不知道「交換祕密」是什麼，那是一本流傳在女學生之間的筆記本，內容包含各式八卦、辱罵同學的字眼、甚至是中傷老師的話。拿到筆記本的人會以提問開始，例如：「你對喬琪雅搶走貝絲的男友有什麼看法？」或是「我們要如何讓麥克與卡拉分手？」然後把筆記傳給其他人，讓大家寫下意見。

許多老師想盡辦法要沒收這種「交換祕密」，但女孩們可不會承認有這回事。辛蒂之前就已經警告過班上學生，如果她們敢玩「交換祕密」的遊戲，不只操行會被扣分，還要約談她們的父母，甚至得去見校長。不過學生們照玩不誤，還好最後是QWQ公式幫了她。

第7天 QWQ公式和其他進階技巧

有天下午，辛蒂注意到有本小冊子在女孩們之間傳來傳去。下課後，辛蒂找來帶頭的女學生，質問她們在玩什麼把戲。這位女孩自以為聰明地交出了一本假的筆記本。辛蒂看了一眼，就知道那不是真正的「交換祕密」。她想到了QWQ公式。

辛蒂直視著學生的眼睛，問道：「你為什麼不把真正的筆記本交給我？」

這位學生不承認，發誓說這本筆記就是她們的祕密。辛蒂把頭偏向一邊，語帶諷刺地說：「真的嗎？」

女孩繼續反駁，還說老師誤會了她。辛蒂就只是等著。

女學生繼續說個不停，辛蒂不發一語，只是讓她一直講。最後，她問這個女孩：「你還有什麼想要說的嗎？」

女孩把手伸進包包，交出另一本筆記：真正的祕密。辛蒂很訝異，這樣的詢問技巧竟能如此迅速得到真相，不僅節省時間，還能解決問題。

親身見證：威力團隊成員的轉變

姓名：傑西・史瓦特
年齡：三十二歲
職業：系統分析師

■問題在哪裡？

我畢業於頂尖的麻省理工學院，從高中以後就一直待在高科技領域，周圍都是典型的電腦迷。我一直覺得自己在與他人溝通時，好像缺少了什麼。有些人說我舉止傲慢，但也有人說我缺乏自信。通常在我與對方交談片刻之後，我認為自己會給人沒自信的印象，但我不知道自己做了什麼所以給人這種感覺。我希望在工作和社交場合，尤其是在約會時，可以更有自信。我也希望改掉那些會讓我無法產生魅力的怪動作，讓自己看起來不會傲慢自大。

我曾試著靠自己改善這些問題，包括詢問朋友的意見和閱讀一些文章書籍。我甚至還接下一份業務工作，好讓自己有更多時間與人接觸。但這麼做難以獲得有效的回覆與建議。

■改變與進展

參加了身體語言威力小組的訓練之後，我注意到自己有個小改變：站立時兩腳間距放寬。有了具體建議和團隊協助，我看到了顯著的改善。從採用一些簡單的姿勢，一路進階到令人驚訝的祕訣：態度。我的親友們全都注意到我的改變。此外，學會如何提出有力的問題也非常有幫助。

以前我總會提出許多問題。由於電腦專業背景，所以我慣於發號施令。電腦可不會管你提出什麼問題，就算你一直重複問題也沒關係，所以我養成習慣，想問什麼就問。但人腦畢竟不是電腦，沒有人喜歡被不斷質問的感覺。

我最大的改變，就是學會如何對顯露特定意義的身體語言訊號做出回應。珍妮讓我們練習一種提問方式：「也許是我誤會了，但從剛才的跡象顯示，事情看起來好像不只是這樣……」這給對方透露內心想法的空間，而不會覺得自己是被逼問的。

最重要的，我改掉「試試」這個口頭禪。在某一天的練習中，珍妮逮到我說：「我會試試看……」珍妮教我不要使用「試試」這個詞。我知道如果自己不再說「我會試試」或「我想我可以」，會產生更好的效果。因此我改說：「我會採用更穩重、深思熟慮與放鬆的動作，以及說話速度。」直到我改掉這個口頭禪之後，我才發現自己以前聽起來有多麼沒把握和猶豫不決。

精準識人：提出有效的問題

傾聽是被許多人忽略的重要技巧。我們都想與他人分享自己有多棒多迷人！幸運的是，你是最了解自己的人，因此你有成千上萬的資訊可以與他人分享。

個人資訊如此豐富，這正是你為何應該傾聽而非說個不停的原因。溝通達人早就明白，分享太多個人資訊會削弱自己的影響力，因此他們往往鼓勵別人說話。想想當你在聽別人說話時，握有多少力量與主控權：對方洩漏自己的想法，你則過濾資訊，提出更多問題，然後獲得更多資訊。你用問題來主導對話，因此能夠獲得更多重要的細節。

擅長溝通的人知道，多數人都喜歡談論自己。善於傾聽的人被認為是「最能聊的人」。很多人在和好的傾聽者說了幾個小時的話之後，都會覺得這段交談真是愉快，儘管事實上幾乎都是他自己在講話。

也許最重要的是，當你積極聆聽別人的故事時，你就是在增加他們的安全感與信任。不管在什麼情況下，傾聽都能建立關係。

小時候你可能會聽到別人對你這麼說：「我們有兩隻眼睛、兩隻耳朵，卻只有一張嘴，所以話不要說太多，剛好就好。」這對我們所有人而言，都是寶貴的建議。而我的良師JJ表達得更貼切：「掌握問題的人，就能掌握對話。」

所謂有效的問題，就是那些以最短的時間引出最多資訊的問題。透過提出有效的問題，你就能：

- 引導對話並使對話繼續進行。
- 收集關於別人的資訊與意見。
- 衡量並釐清問題，更加了解狀況。
- 對別人的意見表示尊重。
- 促進行動與改變。
- 評估個人目標與進展。

以下是我最喜愛的有效問題。你會發現，我很喜歡使用「如何」和「什麼」的問題：

「如何」的問題：

這週末過得如何？

這件事是如何發生的？

你覺得如何？

你都如何回應？

過去你都是如何處理的？

「什麼」的問題：

發生了什麼事？

你對那件事有什麼想法？

是什麼原因讓你有這種想法？

那件事對你的意義是什麼？

你是什麼意思呢？可以舉個例子嗎？

下一次你會採取什麼的做法？

你從中學到了什麼教訓？

避免提出「為什麼」的問題

問「為什麼」難以和他人建立關係，這樣的問題會讓人築起心防。但若對方撒謊時，這樣的問題則很管用。而問「什麼時候」則太限縮了，無法引導對方繼續說下去。

在建立關係的階段，要避免提問「為什麼」。當你問別人為什麼會這樣、為什麼會那樣時，對方就會想要防衛自己。我們對某件事為什麼會發生，都有自己的想法，並將情感連結其上。一旦啟動這個連結，就會關閉思考過程，通常也會關閉關係。因此，最好用「什麼」或是「如何」的問題來取代「為什麼」。

舉例來說，不要問：「我們今天為什麼要來這裡？」可以問：「今天來這裡的目的是什麼？」後面的問法不像前面的問法那麼帶有指責的意味，而且能讓你得到答案。想想以下兩者的不同：「你為什麼要讓史提夫負責這項專案？」與「讓史提夫負責這項專案對公司有什麼樣的幫助呢？」

✔運用問題

如果你能學會在適當的時機提出適當的問題，就可以使問題本身發揮最大的效益。還記得我們在第一天的課程中，觀察了伍迪・艾倫的基線動作嗎？假設你正在觀察伍迪・艾倫，突然間他從慣常的封閉和緊張的姿態，轉變為開放的姿態。他將手伸出口袋，雙手垂在身體兩邊，站得挺直（也許還像莎拉・潔西卡・派克一樣，擺出超人站姿）。當你注意到這項改變時，可能會納悶：「嗯，他為何突然變得這麼放得開了？他是不是很信任我？或者他只是想要讓我覺得他更放心了？」

不要去猜測，倒不如直接問對方。事實上，詢問對方為何感到不安，是了解真相最快的方法。問題可能會造成尷尬，但一個好的問題可以讓你適切表達，並詢問哪裡出了錯，而且對方通常都會願意告訴你。

你可以等待偵測點出現，或者也可以提及某個可能會讓對方有點不安的主題，以有效的問題來製造偵測點。這些方式很有趣，因為你正在改變彼此互動中的反應，以獲取有用的資訊。對方偏離慣常行為時，給了你一個開頭的機會，接著你就能進一步使用問問題的密技。

現在我們要用有效的問題，帶你更上一層樓。

情境	對方的慣常行為	有效的問題	偵測點	引導式的問題
調情放電	六成的眼神接觸。	「你已婚嗎？」	眼神接觸增加或減少。	「蘿倫，也許是我搞錯了，但你看來好像有點緊張。」
求職面試	放鬆與敞開的肢體語言。	「你的前任上司認為你的弱點是什麼？」	雙臂與雙腿交叉，形成一道屏障。	「聽起來你好像不太喜歡談到……」
商業談判	身體後傾，手成指塔狀。	「你是如何算出這個價錢的？」	身體前傾，使用坦白與誠懇的開掌姿勢。	「真的嗎？」（使用困惑的語調）然後在對方解釋完以前什麼也不要多說！

購物買車	手扠腰，兩腳間距大於二十五公分。	「如果要延長保固，要加多少錢？」	手放進口袋（藏起大拇指），兩腳間距縮小。	頭側一邊，在對方透露其他資訊前什麼都不要說。接著說：「再多告訴我一些這方面的資訊。」
爭吵質問	面對著對方，手臂放鬆自然垂在身體兩邊。	「是不是你喝掉我的啤酒？」	臉部正對著對方，但肚臍轉向門口。	「你有沒有什麼事想要坦白告訴我的？」
提出要求	放鬆的臉部表情。	「你要如何領導這項專案的進行？」	鼻子快速皺了一下，聳聳肩說：「不會有問題的，我會幫你搞定。」	「可能是我搞錯了，但我覺得你好像對這件事沒有把握。」在對方回答之後，繼續問：「這項專案有可能無法完成嗎？」

應用：同理他人

任職於美國菸酒槍炮及爆裂物管理局時，我曾與許多調查員一起受訓。局裡希望每個成員都能夠認識各種不同的調查風格，如此就能找出最適合自己的一套方式。其中讓我受

七秒7戰術 從無力到有力

問題：當對話更深入時，人們可能會用自我碰觸的動作來逃避，就像左圖的動作。當你在問問題時，看到對方出現這種動作，可能就是對過度尖銳的問題升起防衛心的細微動作；也可能是你觸到了偵測點。

解決：如果你注意到自己出現這種危險動作，只要把手稍微向上挪向下巴，看起來就會比較像是在思考，而不是緊張。

益最多的，是一名我姑且稱他為唐恩的調查員。

唐恩教導了我，最好不要做些討人厭的事。

某個週五，唐恩與我一同造訪一間小型槍枝專賣店，店主已經八十歲了。這位老先生一個月賣出不到十把槍，因此菸酒槍炮及爆裂物管理局已經有好幾年沒來稽查過了。即使理應在槍枝售出後的二十四小時內就完成銷售登錄，但他的妻子一週只做一次記錄。

這的確違反了聯邦槍炮管制條例，但嚴重性並不如把步槍賣給幫派分子那樣重大。唐恩有裁量權，可以決定如何處理這個問題，而他選擇以威嚇性的身體語言與恐嚇的語調說：「我們下週還會再來，到時你最好更新完這些資料！」

「沒問題，」老先生畢恭畢敬地回答，「我們會在週末完成。」

唐恩怒視他說：「誰跟你我們要在週末完成，是你要在這週末完成！」

我嚇一跳，心想這不過是違反申報而已。我想這位老先生以後大概對調查員都不會有好印象了。

唐恩讓我看清楚一件事，也就是為什麼成功的調查員都不再採用扮白臉或扮黑臉那一套。因為這種方法根本沒用嘛！如果沒有找出對方的基線行為，根本無從得知對方為何會焦慮。他緊張是因為你對著他大吼，還是因為他在說謊？當你用憤怒的語氣質問某人時，只會把對方嚇跑，無法讓你獲得所需的資訊。

你在面對衝突時會做出什麼舉動？在你與別人發生衝突時，是否會停下來，想想對方為什麼會有這樣的舉動？要記住，你可能代表著公司、家人或一群朋友。如果對方會依你的行為來判定他們，那麼你的行為會為他們加分或減分呢？

唐恩一定不明白這個道理。但這段經驗卻讓我更加體認到：你可以提出有效的問題，傳達強而有力的命令，讓人照你的意思去做，卻又不失他們對你的喜愛與敬重。以下兩項強效技巧：**QWQ公式**與**錨定技巧**，能夠讓你進步神速。

QWQ公式

你已經認識了偵測點、有效的問題與引導式的問題。這三個要件構成了尋找真相的三步驟。QWQ基本公式如下：

一、Q（問）：提出有效的問題以尋找偵測點。

二、W（等）：這是W．A．I．T的縮寫，意思是：「我為什麼要說話？」（Why Am I Talking?）這是我從一位深具面談經驗的人力資源主管汪達．皮斯（Wanda Peace）那裡學來的詞，意思就是要等候與傾聽，而且是認真的傾聽。你必須等到對方把他想說的話全部說完為止。（沉默、傾聽與提出問題是所有談判專家最具威力的工具，在你身上也是如此。）

三、Q（問）：再問一個有效的問題或引導式的問題。

無論你是在議價，還是想要查出女兒是否在說謊，任何情境都可以採用QWQ公式挖掘出更多資訊，而這個流程也能幫助你達成目標。你甚至可以視情況調整這個流程。現在就來檢視一些我用來發掘真相的方法。

公式一：用提問賦予對方正面的特質。無論你的談話對象是囚犯、面試者還是約會對象，要記得在你面前的這個人是有自尊的。不要負面地說：「別對我說謊。」不如說出你希望看到的特質。我們局裡的主任探員詹姆士總是說：「要用你希望對方擁有的特質來肯定他們，在一般的情況下，對方都會接受，甚至覺得自己有義務去做到。」

- **問題一**。賦予特性：「你是值得信賴的人，對嗎？」
- **等候**。對方會回答：「對。」
- **問題二**。使宣告生效：「我知道你值得信賴。而且你會說到做到，對嗎？」
- **等候**。對方可能會再次回答：「是的。」
- **問題三**。拿你自己與對方相比：「我知道你是信守承諾的人。」然後說：「我也是這樣，我說到做到。」

這個方式為更進一步的互動鋪路，對方也會自動跟進。你運用你灌輸給對方的特質來達到目的。畢竟，你會比較願意接納哪一種人：是肯定你正面特質的人，還是貶低你、挑你毛病的人？

這裡還有一些其他例子，教你如何讓對方產生你想看到的正面特質：

- 對方是員工。「聽著，喬伊，你是個優秀的員工。看看你今年的業績就可以知道。你很努力工作，對嗎？」
- 對方是配偶。「親愛的，你最體貼了，不是嗎？你總是把家人擺在第一位，對嗎？」
- 對方是新的約會對象。「你很有君子風度，對嗎？我也這麼覺得。我可以看得出來你很尊重別人，而且信守承諾。我也一樣。我說晚上七點到，就一定會到。」
- 對方是你的孩子。「恩格斯，你是個好聽眾，對嗎？你也是個好孩子，對嗎？寶貝，我知道你是好孩子。我也跟你一樣是好聽眾。只要你希望我聽你說話，我就會聽。」

公式二：在較不具衝突性的談判中蒐集資訊。當你注意到對方的慣常行為發生改變時，就可以運用這套公式。此時，你知道對方心理的情緒可能和他表現出來的舉動不相符。

- **問題一**。「也許是我搞錯了，但我覺得你好像……」舉例來說，你好像很高興失去工作、很不想再跟她出去、很生氣我們耶誕節要回去我娘家。

- **等候**。注意：如果對方不肯說出他真正的想法，還是有所保留，就繼續問下列問題。
- **問題二**。「（稱呼對方的名字），到底是怎麼了？」
- **等候**。
- **問題三**。「再多告訴我一些吧。」
- **等候**。

這個公式可以幫助對方敞開心房。你會驚訝地發現，人們有多願意向你傾訴內心的情感。

公式三：偵測欺騙並迫使說謊者吐實。你無須成為聯邦探員也能使用這個公式。這項技巧在數不清的情境中都能發揮效用。

- **問題一**。「（不帶指責的語氣）是什麼原因讓你……？」好比說，「是什麼原因讓你對這宗合併案那麼緊張？」「是什麼原因讓你在履歷表上遺漏某些事情？」
- **等待**。

- **問題二**。「真的嗎？」
- **等待**。（在對方說話之前你都不要說話。接下來誰先說話誰就輸了。誠實的人不會害怕沉默，說謊者才需要取信於人。因此當你看著眼前的質問對象時，可將頭側一邊，什麼都不說，看看接下來會如何發展。）
- **問題三**。「（稱呼對方的名字），你還有什麼要說的嗎？」
- **等待**。

這項技巧能夠在執法上發生效用，也能夠幫助挫敗的中學老師，所以你應該不難想像它也能為你效力了！相信我，結果會讓你滿意。

錨定作用

當醫生拿小錘子輕敲你的膝蓋下方時，你的小腿會自動向前踢，對嗎？或者當某人無預警拿水槍朝著你的臉噴水時，你會退縮眨眼，對嗎？這些反射性動作都是你內在的本能。不必學習，是與生俱來的。

還有另一種反射性動作，類似一聽到鈴響，狗狗就會分泌唾液一樣，叫做「帕夫洛夫制約反射」（Pavlovian response）。心理學課本裡都曾提到：俄羅斯科學家伊凡・帕夫洛夫（Ivan Petrovich Pavlov）在每次餵狗時就搖鈴，往後無論有沒有餵食，狗兒光是聽到鈴響就會分泌唾液。帕夫洛夫證明，原本與反射動作無關的環境事件，透過經驗，也能啟動反射動作。當我們歷經某些經驗時，也會產生這類「條件反射」，不自覺地將該事件或刺激與反射動作連結在一起。

生活中有上千種條件反射，或說錨定作用。舉例來說，當我聽到瑪丹娜在一九八〇年代的熱門單曲〈為你瘋狂〉（Crazy for You）時，就會馬上回到國中時期與畢彼得同學共舞，在舞池中經驗第一次初吻的時光。當我聞到咖啡的氣味（我痛恨咖啡的氣味），就會想起自己還是青少年時，清晨五點在麻薩諸塞州華森市街上的甜甜圈店幫忙填塞果醬內餡。如果我看見印有著名甜甜圈店徽的空咖啡杯，就會想起我爸、我妹和已故的法蘭西叔叔，因為他們都喜歡喝甜甜圈店裡的咖啡。這些錨定作用中，都含有一種刺激（歌曲、咖啡氣味、杯子的形象），訓練我們的心智、心情與情感做出某種回應（初吻的刺激、清晨五點工作的疲勞，以及我對家人的愛）。

我們在第五天的課程中，提到了用握手讓對方產生錨定作用。也就是說，當你刻意對某人做出某種行為時，往後每當你用相同的方式觸碰這個人（或是讓他們聽到相同的聲音或感覺到相同動作），就能重新啟動反應，激發相同的感覺。

錨定作用可以應用在他人身上，使對方的心理處於你想要的狀態，或者也可以用在自己身上，改變自己的心情和感覺。現在就讓我們來探索如何將錨定作用應用到他人身上。

定錨於他人

☝**第一步：定錨**。當你遇見某個人時，你可以建立起屬於自己的身體或聲音的錨。你可以在握手的同時說些正面的話：「真高興終於見到你，久仰大名了。」再進一步，當你坐下來時，碰觸對方的前臂並做些讚美：「我喜歡你的名字。」然後解釋為何你會欣賞對方。舉例來說，當我面試實習生時，我會說：「我喜歡你的名字（對方叫耶路撒冷）。真的好特別，讓人很容易記住！」還有一些方法也可以用來創造正面的錨，包括微微向前傾身，放鬆身體面帶微笑，點頭並使用非語言的表達，如「嗯哼」或「嗯嗯」。

想想是否有什麼樣刺激的方式（身體碰觸或一個話語），能讓你聯想到濃情蜜意的時刻（例如充滿熱情的初次約會）。挑選一種不常啟動的刺激，如觸碰前臂或肩膀，或是某種特別的聲音——這就是一種錨。在關係中，要儘早將錨拋出去，例如一見到某個人的時候，就在握手或觸碰前臂的同時說：「我喜歡你的名字，非常響亮！」

✌**第二步：重複拋錨的動作**。在類似情境中，再次使用這個錨，好讓這個錨能夠產生條件反射。舉例來說，當你在談話中聽到你欣賞的話語時，使用相同的力道碰觸對方手臂的同一處。例如，在耶路撒冷到職的第一天，我為了要減輕她的不安並與她建立關係，我問了她一個開放性的問題：「你的名字有什麼由來嗎？」她回答說：「我有個妹妹，她的名字叫伯利恆（Bethlehem，耶穌降生地）。」我爆笑出聲，同時用觸摸再次把錨拋下。我不僅在與她會面時，將我的熱忱與觸碰結合，也運用對她家族、歷史、宗教與文化的正面感受來鞏固這個錨。

第三步：啟動。啟動這個錨，好讓你能馬上得到想要的結果。舉例來說，當我要耶路撒冷全心準備專案時，我會（用動作或聲音）啟動相同的錨，同時說：「我知道你會把這項專案做得很好！」在我請她進行一項工作時，將這個錨啟動，就會創造出支持的感覺，讓她覺得我們所有人，包括她的家人、信仰、所有她珍視的一切，都相信她有能力完成這項工作。

你也可以藉由改變音調，製造衝突的語氣和說話速度，藉以創造負面的錨定作用。（你刻意用來破壞和諧關係的任何行為，都可能產生負面的錨定作用。）負面錨定的方法，在某人向你隱瞞事情或說謊時最管用。負面錨定的作用，能讓對方下意識感到不安，迫使他們說出真相。一旦對方招供，你就要確保自己重新植入正面的錨。

自我錨定

在我懷孕期間，每次洗澡時我都會聽戴安娜．克瑞兒（Diana Krall）的歌，並在浴缸

擺脫重錨

你可曾想過，為何那些苦熬多年最後終於成功的好萊塢明星，通常會背叛一路支持他們的人？唉，這是因為他們的前配偶也許在他們最苦的時候對他們不離不棄，可是現在卻成了掙扎與痛苦的記憶之錨。他們的新歡則只認識他們現在的樣子：超級巨星！若要在感情中防止這種事發生，就要不斷與你認為重要的人更新彼此的正面經驗，如此才能在對方的記憶庫裡，建立起穩固正面的錨定作用。

裡倒入薰衣草精油，腦海中想像平安與寧靜的畫面。幾個月後，出乎意料地我必須剖腹生產，當我躺在手術室裡，只要想著那些歌詞，就能放鬆下來。直到今天，每當我聞到薰衣草的味道或聽到戴安娜．克瑞兒的歌，馬上就會回到自己成為新手媽媽、抱著新生兒子的那一刻。

你可以運用的錨定方式還包括：想像一雙撫慰的手搭在你的肩上、吃某品牌的喉糖、搽上特定的香水或乳液、聆聽某首歌曲、看著某幅畫，甚至是把腳趾蜷縮起來。

錨定作用確實可以幫助我們發揮最佳表現。利物浦大學的研究人員發現，在讀書時噴灑相同香氛（橘子或薰衣草香味）的學生，記憶力會增強一成五至兩成。你也可以採用下列步驟來創造自己的錨定作用。

第一步：建立錨定。選定一種你想要在特定情境中擁有的感受或情緒。比方說，你可能想要在孩子的學校表演中感到快樂與力量。（不過也許你知道前夫以及他的外遇對象也會出席。）

第二步：重複拋錨的動作。花一分鐘時間回想你感到快樂的時候。如果你沒有這類經驗，現在就想像一下那是什麼感覺。

第三步：視覺化。現在閉上眼睛，讓自己開始神遊。生動地回想你覺得充滿力量的時候。就像看電影一樣，配上顏色、讓影像靠近、讓聲音活靈活現。現在，形容一下這個經驗，在感受到這種有力情緒的高點時，蜷起腳趾，並讓腳趾保持蜷曲姿勢。

第四步：鬆開並重複錨定。讓這種快樂的感覺充滿全身，好像海浪拍打在沙灘上一樣。這讓你精神一振，讓你感到強大的力量，一切都是新的開始。現在放鬆你的腳趾，張開眼睛，放掉這段記憶。然後選擇另一段讓你經歷相同感受或情感的記憶，重複之前的步驟，採取相同的動作。接著再找第三段回憶。重複整個練習過程。

第五步：啟動。要啟動錨定作用的話，就把腳趾蜷成一團，測試一下你的新錨！如果你的情緒、動作、站姿、自我對話、呼吸速率、頭部姿勢及語調沒有變得更強而有力的話，就再重複一次練習過程，每次都要加強顏色與密度，然後再重複每一個步驟。

就像有效的問題一樣，錨定作用也可以產生巨大的影響力，它可以讓我們身處好心情或壞心情之中。它能激勵我們昂首挺胸採取行動，也能讓我們畏縮逃離。這兩種工具都是最有效的身體語言招式。

第七天的功課：練習發問

熟能生巧，一旦你精通這項技巧之後，它們就是你進入身體語言王國的金鑰。現在就使用下列練習來發展這些進階技巧。

▼**熟悉QWQ公式**。今天你要練習的就是熟悉不同的QWQ公式。

公式一：用提問賦予對方正面特質。

公式二：在較不具衝突性的談判中蒐集資訊。

公式三：偵測欺騙並迫使說謊者吐實。

在你的日誌中寫下生活周遭七個人的名字（每一頁寫下一人的名字）。下一步，把每頁區分為三部分，分別寫入QWQ的三種公式。現在就每種公式寫下一個範例，這個範例就是你能應用於上方人物的問題。重複這個過程，直到七頁都完成為止。這項練習能夠訓練你的大腦在適當時機運用適當公式。

▼**擔任QWQ警衛**。今天下午或晚上，到你家附近的賣場，注意客戶服務櫃檯那裡，人們是如何質問服務人員，或在走道上人們是如何指責孩子。想像自己是臥底警察。我不是要你注意有沒有人偷竊商品，而是要以耳傾聽，用眼觀察。

人們正提出哪些問題或指控，這些問題或指控在他們身上是否奏效？他們得到什麼結果？被指控的人是用什麼話語及非語言的方式回應？他們是否喊叫、咒罵、亂發脾氣？他們的身體語言會放大還是縮小？他們會擺出權力姿勢還是緊張不安？觀察七個不同的人，並將情境記錄在你的成功日誌上。

寫下你的分析與你在每種情境中會採取的QWQ公式。如果是你，你會說什麼？（必要的話，你可以偷看前面公式，尋找更多資訊。）

▼**為對方注入特質**。是否有哪個人讓你感到很無力？對他注入你渴望他擁有的特質。舉例來說，今天早上我和我妹妹講電話時，我兒子正在玩一本精美的繪本。起初我對他說：「恩格斯，把書放回去，我講完電話就會唸這本書給你聽。」他不理會我，繼續玩那本書。然後我嘗試QWQ的方法：「恩格斯，你最聽話了，對不對？」

他笑著說：「對。」

「你是世界上最聽話的孩子嗎？」

他大笑著說：「對！」

接著我又說：「我知道你是全世界最聽話的孩子。當我叫你做一件事時，你會比其他小孩都做得快。」他微笑。然後我說：「恩格斯，請把書放回去，我講完電話就會跟你一起讀這本書。」然後他乖乖把書放回去，改拿玩具恐龍玩了。

最後驗收

全新的態度

談到運用新式身體語言來達成目標時，有件很重要的事你必須先明白：擁有良好的態度與展現良好的態度是兩回事！

改變對事情的看法，就會改變你所看到的事情。

——勵志作家戴爾博士（Dr. Wayne Dyer, 1940-）

二〇〇五年我兒子恩格斯出生時，經診斷發現他的心臟有點發育不全，我先生和我知道這個消息後心神俱裂。醫生表示，要等到恩格斯八個月大的時候，心臟才能順利地自行運作。在我休完四個月的產假後，恩格斯的心臟狀況還是沒有任何改善。我回到工作崗位後的第一件事，就是去找上司討論，詢問我是否可以在家工作四個月，直到恩格斯下一次的會診。儘管我有逼不得已的難處，但上司拒絕了我的要求，他毫不在意地說：「如果我讓你在家工作，其他的人也都會想在家工作。」這個回答只是往後一連串冷酷、輕蔑與無情對待的開始。我陷入一種惡性循環，對上司與所屬單位滿心怨恨，自己也掉入沮喪中。

每一天我走進辦公室後，便關起門來大哭，要不就發電子郵件給我上司的上司，求他讓我能在家工作，有時我甚至還寫信打小報告，爆料我上司在工作上的缺點。我處於自毀前程的狀態，不管三七二十一只想發洩怒氣，直到有一天，我的前上司泰瑞莎探員前來敲我的門。泰瑞莎剛升了官，她現在的位階比我上司的上司還大，而且她也聽聞我闖下的一堆大禍。

親身見證：威力團隊成員的轉變

姓名：艾文恩
年齡：三十九歲
職業：職業演員、職業軍人、外交人員、優秀運動員

■問題在哪裡？

多數時候，我的身體語言都太具侵略性了。就算我只是專心在聽他人說話，對方也會覺得我好像很生氣。我的身體語言無法與我的想法同步，但我不知要如何改善。

■改變與進展

參加了身體語言改造計畫後，我學到行為和話語搭配得恰到好處，就能產生非常有力的溝通。人們會「聽到與看到」更好的你。

我在海軍服役超過十六年，我知道如何下達命令、展現威嚴和激勵行動。加上我從身體語言課程學來的知識，溝通變得更加容易。我運用了這些技巧，讓自己看起來更平易近人，也不那麼嚴厲。

毫無疑問，自從我實行了七日改造計畫後，我的生活有了很大的改變：我找到力量，離開一段痛苦的感情。我開始發展自己的演說事業。我與老友恢復連絡，並與身體語言威力團隊的隊員建立了深厚的交情。我的社交生活與友誼都獲得改善。我能夠避免誤會，也懂得平息緊張氣氛。我享受與他人溝通的過程，也能與人建立默契。我甚至開始主持每週一次的廣播節目。

我給本書讀者的建議就是：確實把練習作業做好。魔法就在過程之中。要練習並慢慢將它們融入生活，確保它們變成習慣。如此就能扎根，一切就會獲得改善。

這項課程改變了我的生活，它提醒了我：態度與自信就是關鍵。我在海軍學校的座右銘是：「幸運眷顧勇者。」為了勇敢無懼，你必須擁有自信的態度。多數人所不知道的是，態度會主導身體語言，身體語言是裝不來的。你的態度會為身體語言上色，使它更生動。當你的態度正確，身體語言就會正確；反之亦然。

那天她說的不多，她只是不斷傾聽、再傾聽。當我說完、哭完、罵完之後，她對我敞開雙臂，好像要抱起一個寶寶一樣，她說：「珍妮，你家裡已經有夠多事情要擔憂了。把這個問題交給我，從現在開始我來搞定。」這個對我敞開雙臂的簡單動作，又讓我哽咽地哭了起來，但這一次，我流下的是期盼的淚水。我覺得自己終於獲得體諒，終於有人聽我說話了，我終於安全了。

七秒7戰術 愛情不盲目

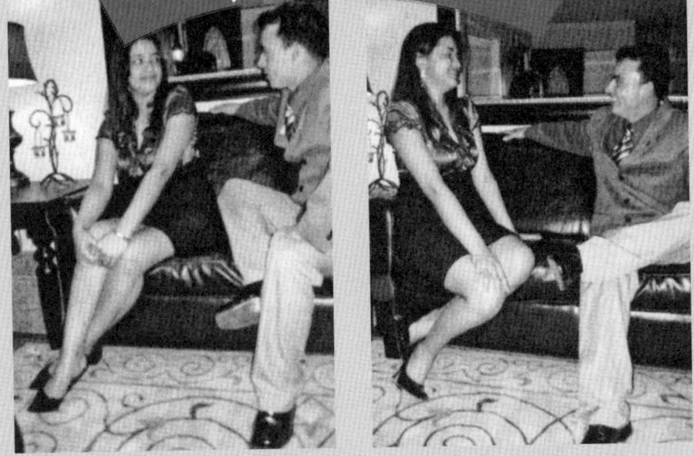

問題：在左邊的照片中，你可以看見這位男士把右臂放在約會對象的身體後面，他的肚臍朝向她，右腿放在沙發上露出太多淘氣部位。對方不僅完全擋住肚臍冷淡以待，還用手臂製造出一道屏障，淘氣部位深埋起來，雙腳轉離他，而且還不自在地用左手抓住右手手指。

解決：你喜歡她，但她把自己封閉起來，怎麼辦呢？你可以用身體來創造平衡。舉例來說，如果你的手臂放在她的地盤上，你可以用另一側的腿做出蹺二郎腿的敞開坐姿。如此你看來就不會那麼具有侵略性，也更有自信。

科學家估計，我們的快樂有四成來自於基因，一成來自於生活環境（獲得升遷、減重成功、購買新車新房、多添個寶寶）。剩下的五成快樂，則來自於幫助別人。但你無須成為德蕾莎修女才能獲得「助人的快感」。只要你下定決心，真誠地付出心力，了解他人所需，並在滿足自己需要的同時也能幫助他人滿足需求，那麼你就能為善常樂。一旦你懂得真心關懷、觀察、傾聽、學習、同理相待，你就能進階至新式身體語言的第三階段——態度。

在本章，你要將前面七日所學到的內容融會貫通。首先，我們要來認識一些戰略，幫助你邁向贏家態度。你將學習如何消除負面的內在對話，運用簡易工具改變想法。

你的焦點會從你想要什麼，轉移到對方想要什麼；當你幫助他人得到他所渴望的，通往無窮豐盛之窗就會為你開啟。成功學大師史蒂芬・柯維（Stephen Covey）曾說：「先去了解對方，對方就能了解你。」

新式的身體語言是一種態度

談到運用新式身體語言來達成目標時，有件很重要的事你必須先明白：**擁有良好的態度**與**展現良好的態度**是兩回事！一個人或許對人生抱持很正面的態度，但表現出來的樣子卻不太開朗、沒有活力，也就是他看起來可能態度很差。另一個人看起來也許態度良好，因為他面帶笑容、聲音聽來精神充沛，但事實上他心中可能有諸多抱怨，而且只有在別人看得見時才努力工作。

名作家山姆・葛倫（Sam Glenn）把態度稱為我們的「個人標誌」。最近你的標誌是什麼呢？活力、自信、愉快？還是不安、生氣與消沉？恐懼與焦慮？還是衝勁十足？當你能夠選擇符合你意念與眼前情境的態度時，你會更健康、感情更充實，也更容易解決衝突。你會更常感到快樂，而且身體語言也會立刻獲得改善。（你甚至會賺更多錢。）

你在過去七天已經開始了這趟旅程，首先是運用你的固有本能，更精確地評估對方所發出的身體語言訊號，接著又將課程所學應用到你自己的身體語言上。我猜你已經獲取大量知識，知道要如何改善溝通。現在我要你結合所有新學到的知識，培養能讓你應對一切情勢的態度，無論這些情勢是好是壞。

在我們討論如何化計畫為實際過程之前，讓我們思考一下創造贏家態度的四個重要觀念。

別再執著你是對的

研究顯示，我們的「後設知覺」（metaperception，我們對他人怎麼看我們的想法），會受到主要照護者的影響——通常是母親，母親如何解讀與反應孩子的身體語言並提供照顧，會影響孩子長大後的後設知覺。就如前面所提到的，當我們還是小寶寶時，會看著母親的臉部表情與手勢來回應狀況，長大成人後，我們也會繼續使用這種模式。如果別人對我們的觀感與我們認定自己的自我形象不符，我們會盡可能地用身體語言來說服他們：「不對，真正的我是這樣才對。」

根據明尼蘇達大學孩童、青少年與家庭協會的資深研究員馬莎・法洛・艾瑞克森（Martha Farrell Erickson）的研究，母親若是冷漠疏離的，孩子就會尋找冷漠疏離的關係、表現得討人厭、退縮、把他人推開，以複製母親的行為模式，如此他才能強化自己沒有人愛的自我形象。相反地，母親若始終熱情反應，孩子就會尋找健全的情感關係，與同儕融洽相處。我們不斷試著證明我們對自己的想法是對的，即使犧牲真正被愛的機會也在所不惜。

我認識一個叫芭芭拉的女性，她小時候母親只有在餵她喝奶或是幫她換尿布時才會抱她。芭芭拉是個好人，她在卸下心防時也是仁慈且充滿愛心的，但她寧願表現出強悍冷酷的模樣：她**喜歡**人們覺得她是個賤人。如果有誰對她好，她會用殘酷傷人的話把對方趕走。事實上，她甚至欺壓兩個友善的手足。你知道嗎？最後她終於證明自己的看法是對的，自己是不討人喜歡的！可憐的芭芭拉。

現在你要認真自問：「我是否就像芭芭拉一樣，卡在不好的模式當中？」如果真正的你比你表現出來的形象更討人喜歡，只要今天一天就好，放棄說服自己是對的。

無論別人對你說過什麼，無論你對自己說過什麼，你非常美好。你並不「害羞」或「喜愛獨來獨往」或「沒有出息」。你並不「冷酷」或「無趣」或「沒有創意」。你擁有自己未曾體驗過的天賦。

敬重他人

當我問警察：「你們之中有多少人會與嫌犯握手？」如果一百個人裡有一個人說會，就已經算是很難得了。而這個百分之一，通常就是那些收到感謝卡片的員警，對方通常會對他說：「坐牢挽救了我的生命！」若要在任何人身上都產生這種感恩效果（除去坐牢這部分），歸根究柢，就是要以禮待人。

不想與嫌犯握手的員警通常都有藉口（「他們身上有臭味」或「他們都是罪大惡極的人，我可不想碰他們！」），但每一個人，即使是罪犯，都想要得到尊重。與嫌犯握手的員警，他們所處理的嫌犯通常會表現得比較平靜，也會承認更多犯罪細節。

在我為警方舉辦的一場研討會上，來自西雅圖的一組警方與我分享他們單位與嫌犯應對的規則。他們與嫌犯交手的首要目的，是建立信賴、安慰與尊重。這些西雅圖警方的三項規則如下：

一、握手，自我介紹，像朋友一樣對待對方。

二、在討論犯罪之前，花至少三個小時的時間與嫌犯建立關係（三小時不用一次做完，通常也不會一次完成）。

三、建立關係之後，讓嫌犯坐上你的巡邏車，並買些東西一起享用。

這聽起來好像是要去交朋友而不是讓嫌犯俯首認罪，但在第三個步驟中，仔細觀察是很重要的：在駕車巡邏的過程中，員警會帶嫌犯去幾個犯罪現場，聊一聊犯罪行為。「我們在犯罪現場採集到許多指紋和DNA證據，但還欠缺一些東西，」員警可能會這麼說。「我們是因為這樁犯罪逮捕你的，但我相信你還犯下了一些我們不知道的罪行。如果你坦承所有犯行，我會請法官從輕量刑，如此你的刑期就會減少。」接著員警可以解釋嫌犯認罪對警方有什麼好處。藉由告訴罪犯認罪能給警方帶來什麼樣流程上的便利，可以讓罪犯留下誠懇的印象。這項策略奏效的機率是九成八。

每個人都希望受到尊重，即使是你那個總是在生氣的老闆、覺得沒人懂他的孩子或者搞外遇的前夫，都不例外。要記住：他們真正的問題也許根本與你無關。

▼為善助人

我曾受僱擔任博思艾倫諮詢公司（Booz Allen Hamilton）的講師，這是一家專為政府提供諮詢、名列《財星》雜誌的百大企業。我常在公司高層與經營者面前發表演說，某次當我做完演講走在走廊上時，我看見了卡爾坐在那裡，他是博思艾倫諮詢公司政府合約管理部門的副總。

我走到他面前，蹲下來和他一起聊天。我稱讚他是個傑出的領袖，即使身處高位卻還是如此誠懇，真令人吃驚。卡爾擁有討人喜愛而放鬆的身體語言、具感染力的笑容、敞開的舉止，他是個善於社交的人，也是個具有影響力的領導者。

他伸出手請我坐在他旁邊。（我透過身體語言對他表達了敬重與謙卑。）我對待他彷彿他是整間屋子裡最重要的人，所以能夠與他建立信賴的關係。

我們兩人討論起我的演講事業，他邀請我到他的辦公室長談。兩週之後，我在他們企業內部的午餐時間與卡爾及其團隊會面。他們教我獲取政府合約的每個步驟。這段經驗極其寶貴，因此在會面結束後，我把卡爾帶至一旁。

「我要如何報答你？」我問他。

「我只要兩樣東西，」他回答，「我要你成功，而且我要你繼續擔任博思艾倫諮詢公司的好朋友。」

卡爾待我彷彿我是整間屋子裡最重要的人物，並提供我大有助益的資訊。

當你以誠待人，就會有所回報。無論是解決問題、贏得新客戶、還是在書中被提及（謝了，卡爾！），你都會看到好處的。

想想自己與他人的互動。有沒有人是你習慣性對他頤指氣使的？試著給予對方重視，不要表現得好像你是逼不得已才和他打交道的。這麼做不僅會改變你的身體語言與人際關係，還會改變你的看法。

「如果你老用相同的做法，所得到的結果也都是一樣的。」改變態度與身體語言能夠為你開啟新的一扉門，並以你未曾想像過的方式改善你的人生。

不要等待快樂上門

每個人都有應付問題的能力，但因為對問題抱持負面的態度，所以他們會避免去碰觸問題，因而被困在憂慮與恐懼中。憂慮之人的處境並未比不憂慮的人差，只是憂慮之人看待問題的方式造成他更悲慘的處境。當某件事讓某個人感覺很糟時，就可能會削弱此人解決問題的能力。

當你苦惱著可能發生的事，就是在阻擋快樂。你沒有活在當下，享受過程，反而為了尚未出現的問題而把快樂推開。浪費生命一直在等待生活發生改變：「只要我瘦下來／還完貸款／買了房子／升官加薪，我就會快樂。」事實上這些事根本沒關係。我們不能等著快樂上門。我們必須現在就開始快樂，在這一秒就開始快樂。

融會貫通

精通新式身體語言的最後一個階段，就是從人生的乘客座移到駕駛座。在本書的過程中，都是我在擔任駕駛，現在輪到你主導了。當你上路前往目的地時，要帶著這七日計畫，把它當作你的成功地圖。

▼**後視鏡——舊式身體語言**。如果你一直往回看，就無法前進。有些人無法脫離窠臼，相信舊式身體語言的迷思，但現在你知道進步的祕訣，那就是新式的身體語言：精準＋應用＋態度＝成功。

▼**油錶——測定基線**。如果你在開車上路前沒有先檢查油量還有多少，可能會在中途用盡燃料。在你解讀對方的任何非語言行為之前，必須先校準或測定對方的基線行為。

▼**安全帶——肚臍法則**。安全帶能夠讓你的肚臍定位好，也就是讓肚臍筆直向前，面向對方與你的目標。我們將肚臍朝向自己喜愛、欣賞與信任的人，也用肚臍來測定我們想要前往的方向。運用你的「肚臍智商」，把肚臍朝向整間屋子裡最重要的人，或是你想要施以正面影響的人，尤其是在你與對方握手的時候。你最不希望的就是不小心冷落了重要人士。

▼**暖氣（或空調）——展現淘氣部位與其他下半身部位**。外部環境可能會讓開車變得困難。舉例來說，當我們覺得很冷時，會縮起身體取暖；而當我們覺得溫暖時，就會伸展身體。身處不自在的社交場合中，要確保你檢測了自己的情緒溫度是否影響淘氣部位與腿部的表現。如果你想消失不被注意到，就封閉起來，占據較少空間（將雙手疊成遮羞布的姿勢，兩腳間距不超過十五公分）。但如果你想要吸引注意並展現胸有成竹與自

信，那就把兩腳間距加寬至二十五公分，並讓淘氣部位保持敞開（手放身側或雙手扠腰），如此你就會發送出訊息，告訴對方你可不是省油的燈。

▼**兩側後照鏡——新側位法則**。駕駛的技巧在於判斷與保持警覺。如果你沒有檢視視線盲點，可能會讓自己身處危險之中。發現自己與他人偏好的側位也是如此。下次當有人被你激怒或你想占上風時，就要運用良好的判斷力，轉到對方偏好的側位。但如果你已經緊張到不行，那就打起方向燈，悄悄轉換車道，讓對方位於你偏好的側位！

▼**按喇叭——權力姿勢**。喇叭的主要目的就是引起注意。權力姿勢如手掌朝下、手扠腰、巧妙碰觸、所有的指塔動作，能讓你吸引更多注意力與敬意。只是要小心，不要一次使用太多權力姿勢，以免讓人覺得你像個惡霸駕駛。

▼**擋風玻璃上的裂縫——四種危險的微表情**。擋風玻璃被小石子砸到時會產生裂縫，這就像人們臉上一閃而逝的微表情。如果沒有馬上察覺裂縫，它就會變成更大的麻煩。舉例來說，一位強顏歡笑的不爽員工可能不會回覆客戶的電話，或者在電話中對客戶語氣很差。不斷用怒氣掩飾害怕的青少年可能其實非常沮喪，並有自殺傾向。老公可能不小心洩漏輕蔑之色，因為他多年來都與你最好的朋友有一腿，而且認為你完全不知情。當你偵測到危險的微表情時，就要謹慎行事，在安全時，提出有效的問題以探知隱藏在情緒後面的真相。

▼**衛星導航系統——QWQ公式**。當你把目的地輸入衛星導航系統裡，你會得到一堆有用的資訊。而當你提出有效的問題時，你會得到比自己預期還多的回答。遇到彎道或是不可避免的障礙物時，就要懂得啟動QWQ公式：提問，等待，再提問。如此你就無須死抓著方向盤，而能順利縱橫人生。

▼**發動鑰匙——融會貫通的態度**。你的車子有沒有通過安全檢測或排氣測試、有沒有加滿油或保持完美車況，這些都不重要，因為如果沒有汽車鑰匙，這些東西都無法帶你到達目的地。沒有鑰匙，車子就不會動，只能停在你家車道上。而新式身體語言的鑰匙就是態度。這是成功的必要成分。車子沒有鑰匙就無法發動；若沒有正確的態度，你永遠也無法達成目標。

培養新態度的進階練習

你已經完成了七日計畫，也學習了很多關於如何將自己的身體語言變得更具魅力的態度。為了幫你做好最後上色，你必須實行這些進階練習。它們能夠幫助你檢視目前的處境，以及如何對付任何阻擋在你與夢想之間的障礙。

▼**重新定義問題**。在一場會議上，講師對著觀眾席上的我發問：「珍妮，如果世界貿易中

心大樓還在，我在一號大樓與二號大樓的頂端搭上一條窄木板連接兩座樓，木板中間放了一百萬美金，你會不會爬過去拿？」我十年前曾在世貿大樓裡工作過，因此我很清楚頂樓的強大風力。我毫不猶豫地回答：「不會！」接著他又描繪了相同情境，但這一次換成我兒子恩格斯坐在致命的木板中央，他再次問我：「現在你會爬過去嗎？」就如你能想像，我想到八個月大的小恩格斯獨自坐在一千三百呎高空中的木板上時，幾乎要留下淚來：「我會！我會去救他！」我堅定地說。如果中間坐著的是你最愛的人，你不會這麼做嗎？定義問題的方式，通常會帶來解決之道。有時候，我們必須改變看法才能採取行動。要自問：「我有沒有盡一切努力來擁有豐盛而成功的人生？」好好思考一下。即使你的心跳加速雙手顫抖，也要改變觀點，咬著牙去做你最害怕的事：因為這可能對你的心靈有益。

在你的日誌上，回答這些問題：

- 過去你如何定義生命中的挑戰？
- 如果你採取新的看法，你的身體語言與人生會有什麼不同？
- 若你以自己看待金錢、朋友或興趣的方式來看待婆媳問題會如何？
- 若你用自己看待職場挑戰、甚至是生死大事的方式來看待約會會如何？

- 當你有了新的觀點，你在這些情勢中會採取什麼不同的做法？

▼**突破受限的信念**。你是否偶爾會對自己說：「我不夠好」、「我不討人喜歡」、「我根本無法成功，為什麼還要去嘗試」、「我很害羞」、「人們根本不想聽我說話」，或類似這樣的話？如果是，你就已經創造了一種信念，限制你充分表達自己，阻攔你向他人展現美妙、健全與完整的真實面貌。受限的信念包含著我們對於這個世界的無益想法。最終，這些諸如遲疑、違抗與緊張的信念，都會在我們身上成真。接著我們的身體語言就會跟著遭殃，我們也會不自覺地流露出對世界感到不安的行動。因此要轉而實行以下方式：

- 寫下你對自己與周遭世界的七種信念。
- 自問這些信念中有哪些對你有用。在那些能增加你的價值並有助你擁有理想人生的信念旁，打勾或畫上笑臉。
- 圈出阻礙你進步的信念，這些就是受限的信念。在這些信念旁，寫下你可以用哪些信念取代它們。
- 如果這些新信念是真的，它們會如何改變你的身體語言？你會如何展現？

一旦你能辨識出受限的信念，就能破除這些扯自己後腿的想法。改變將會發生，首先會發生在你的思想上，然後會表現在你的外部姿勢、站姿、手勢、臉部表情及聲調與聲音上。

▼**不要執著你是對的**。我知道這項練習對某些人來說還不如死了痛快，而當然我也不想讓你們痛苦。但就今天一天就好，讓別人認為他們是對的。別再自以為是。跟對方說：「你是對的。」當天空晴朗而某人卻說會下雨時，你回答說：「你說的對。」然後注意看看你這麼做會有什麼影響。想想在其他情勢與人際關係中，這麼做是否能幫助你。

▼**失敗為成功之母**。沒錯，失敗其實可以激發你的自信。有項針對陶藝班學生進行的有趣研究：班上部分學生接到指示：「你必須製作出完美的陶器，而且只有一次機會。」而班上另一部分學生則接到指示：「你要做個罐子，失敗幾次都沒關係，你不需要做出完美的陶器，只要是罐子就好了。」在製程結束後，允許失敗的一方做出了幾近完美的罐子。

我們以為自己必須事事都要成功，但其實不需要。失敗絕對有益，只要你不因此一蹶不振。回想一下某些失敗經驗。讓失敗提醒你：你不要再活得那樣了，也不要再重蹈覆轍了。但如果你都沒有失敗過，就不會知道要避免哪些失敗，或要如何精益求精。

▼**改變焦點**。定睛在能帶給你力量的事物上，你會發現自己不可能只專注於受限的信念。

這表示當我們真正專注於生活中美好的事物時，我們的心智就會擋掉無效的信念。舉例來說，當你自問：「哪些事讓我覺得很感恩？」你的心智就會引導思路去回答這個問題，而這也會改變你的感受。這項練習需要你用正面觀點去思考自己的經歷，挑戰自己的理智，使自己在恐懼當前時也能採取行動。

自問以下這些問題：

- 我想要感覺如何？
- 我要如何開心地去做我今天該做的事？
- 哪些事讓我心懷感謝？
- 我最珍愛的回憶是什麼？
- 如果我做了自己不敢做的事情，生命會有什麼轉變？
- 這個問題或挑戰如何創造新契機？
- 我能夠或必須採取哪些行動來扭轉情勢？
- 我要如何為他人付出？

結語　尋找加亞西

> 多數人就像落葉一樣在空中飄蕩翻轉，顫抖著，然後落到地面。但有些人就像星辰一樣，循著一條明確路徑前進：風影響不了他們，因為他們的內在已經有了導引與道路。
>
> ——赫曼．赫塞（Hermann Hesse, 1877-1962），《流浪者之歌》（*Siddhartha*）

十九世紀末，美國總統威廉．麥金萊（William McKinley）突然召見國防部軍事情報局局長。美國決定支持古巴脫離西班牙獨立的戰役，而這場戰役若想成功，古巴反叛軍與美國的合作至關緊要。麥金萊必須找到一個能獨立完成任務的士兵，把信息傳達給反叛軍領袖加西亞將軍（General Garcia）。雖然沒有人知道加西亞的確切位置，但他們相信他正在古巴山區的某處領導反叛軍。

總統召來一名叫做羅文的年輕士兵，命令他帶信給加西亞。他們告訴這名士兵，要把信息帶給反叛軍領袖，並告訴他反叛軍領袖應該位於古巴東部的某處。羅文被告知，這個任務只有他一個人知道。這名士兵完全沒問：「對方長得怎樣？」「你有他的照片嗎？」

「他最後一次跟誰連絡？」「我要如何到達那裡？」「我要穿戴什麼配備？」「我這個週末有事，可以下週一再去嗎？」他只是接下命令，定出了行動計畫，並找到了加西亞。

致加西亞的信

一八九九年，一位名叫阿爾伯特·哈伯德（Elbert hubbard）的人寫了一篇關於羅文的文章，成為史上發行量最高的文件之一。《致加西亞的信》（*A Massage to Garcia*）已經被翻譯成多種語言，出版單行本，成為史上最暢銷的書之一。

這個小故事講的是關於獨立、決心和堅忍。你能不能不發一問，就把信息帶給加西亞呢？你可以，只要你很想成功。

如果你命在旦夕，不容許失敗，那麼你就會找到方法，不是嗎？你不願甘於平淡，也不會一直告訴自己和他人：「我永遠也沒辦法像你這麼有自信，我就是沒有這種信心。」相反地，你會列出所有你無法做到的理由，找到方法去克服。你不再等候別人來控制你的命運，你會選擇成功，對嗎？你會選擇活命。

未來的一週或一個月，在你持續踏上採用新式身體語言的旅程以達成目標時，要記得

結語　尋找加西亞

每週都要自我檢測是否有所進步。檢視你目前的處境，看看自己是否偏離了通往目標的軌道。飛行員深諳這個道理。由於亂流、雲層、風雨、鳥群、經緯度與其他因素，飛行員有七成五的機率會偏離航道。

你是否曾設定目標想要達成哪些計畫，卻因為外力的影響，而使你偏離了軌道，也許是他人不知該何去何從或想要什麼而影響了你？成就更自信、快樂與圓滿人生的方法，就是要有彈性、適應性與衝勁。想想看，偏離航道的飛行員會不會對自己說：「唉，這個飛行計畫根本不如預期，我放棄了。我要在這裡降落了。」絕對不會！飛行員會調整他們的計畫，直到找到可以適用的解決方法，帶領他們到達設定的目的地。你的目標與計畫也是如此：要彈性地適用你在本課程裡學到的知識。加上一些衝勁，如此你就能走對路，降落在你想到達的人生境地。

你已經完成了七日計畫，用新式身體語言獲得你所渴望的自信，現在就動身出發，朝目標邁進！

你擁有一切條件，別再等待，快去尋找你的加西亞吧！

現在，我要來問你一些有效的問題。

你知道自己的身體語言在何時會幫助你，何時又會破壞你的計畫，對不對？

你知道如何展現自信與權威，也知道哪些動作會讓你顯得萎縮，對不對？

當別人偏離他們的基線行為時，你會注意到？你知道如何提出問題做好溝通，對不對？

如果你命懸於此，你就會找到加西亞，對不對？

我的書落在你的手上是有原因的，而我真的很感謝它在你的手上。我希望有朝一日，我們在人生的旅程上能夠相遇。在此同時，要記得，**你說的其實比你想的還要多**，因此挺身坐直，放鬆身體，面帶微笑，因為現在你擁有了一切能夠應用的技巧，並且能讓還未實現的計畫奏效！

我對你有信心。

動身追求夢想吧！寶貝，快去尋找你的加西亞！

親身見證：威力團隊成員的轉變

姓名：大衛克羅修
年齡：二十四歲
職業：聯邦準備理事會研究助理

■問題在哪裡？

我是個熱情進取的人。我喜歡和朋友及同事辯論，任何事我都敢去賭一把。雖然我百無禁忌，但我在不認識的人旁邊卻很安靜拘束。我嘗試不要去排斥他人，接受一切邀請。

我朋友則有不同的看法。有人說我不夠大膽，給自己太大壓力，也有人說我很情緒化，會隨著情緒改變心意。還有人說我對任務付出不夠，常在達成目標的半途分心。我計畫在不久後申請研究所，我想更好的身體語言表現對我的面試會有所幫助。

■改變與進展

自從參加了七日計畫的課程後，我逐漸了解自己，而這讓我對自己更有信心了。當我不擔心別人怎麼看待我時，我就能夠敞開心胸，更自在地與他人分享我的許多看法。我交到了一票新朋友。我有了明確的方向與目標，這帶給我的人生諸多喜樂。

「尋找加西亞」實實在在改變了我的人生。我們很容易會採取消極的方法，乾等事情發生。但我們在課程中學到的就是必須積極主動。不要等著事情發生在我們身上，而是要讓事情成就我們。

我曾以為只要隨波逐流，最終就會遇到理想對象。但在學習更積極主動的態度後幾個月，我就遇到了夢中情人。她就像我一樣，總是忙於自己的生活，因此我們原本很可能會各走各的路。然而，我謹記「尋找加西亞」的道理，採取主動積極的態度，追求更深的感情關係。如今我們已經訂婚，而我根本無法想像人生沒有她會如何。這些之所以能達成，全都在我的一念之間。

加分練習

解讀身體動作：任何情境都適用的七秒戰術

如今你已經裝備齊全，擁有基本知識，並朝進階的技巧邁進。

現在讓我們來點「偷呷步」，讓你一招就能翻轉情勢！你只需要七秒鐘就能實行新式身體語言的計畫，巧妙轉化任何不利的處境。現在就來看看。

你的新同事很有自信，而你想要與他建立關係

對方動作

你的動作

要這麼做：展現你的三個權力部位：頸窩、肚臍與淘氣部位敞開，並放鬆你的雙臂。

達成結果：你將散發沉著自信，如此一來對方很快就會視你與他地位平等。

你剛下班很累，孩子又不乖，你想要教訓他一下

原來動作

修正動作

要這麼做：身體與他同高，採用開掌的手勢。

達成結果：你仍然具有權威感，但也能對孩子表達尊重。

你對她來說太具侵略性了！

原來動作

修正動作

要這麼做：站立時兩腳間距縮小至約十五公分，將杯子放在身體前面製造一面牆，並將肚臍稍微轉離你的新女友。

達成結果：這麼做較不具侵略性，增加你的神祕感，也給你更多時間來打動她的心。

他太自戀，讓你想趕快閃人！

對方動作

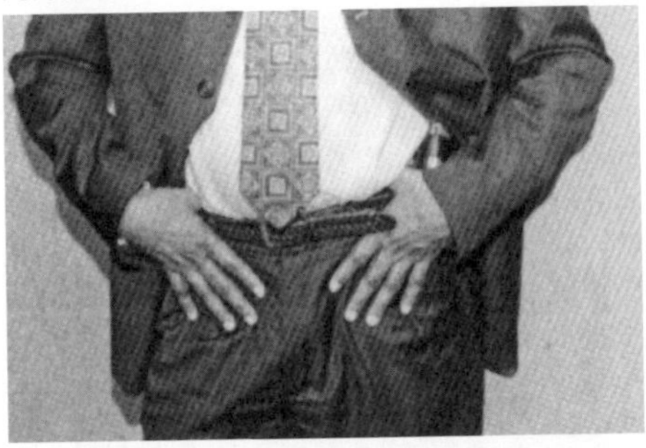

你的動作

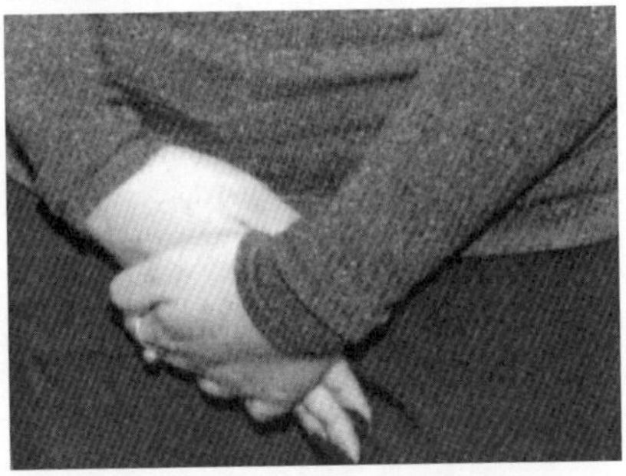

要這麼做：採用遮羞布站姿，或如果你正坐著，就將雙腿交叉起來製造一道屏障，而且確保自己看向別的地方。讓自己隱形的招數就是縮小身體。

達成結果：降低你的顯眼度。你也可以用這種方法來降低爭吵或對立的緊張情勢。你正在無聲地下達逐客令。

你們都是單身辣妹，但沒人敢來接近你們

原來動作

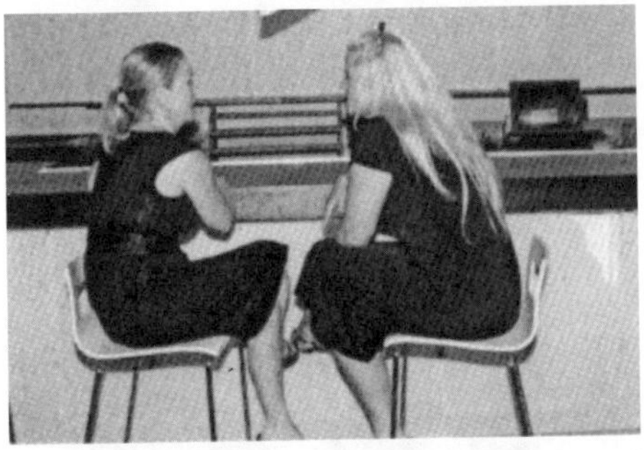

修正動作

要這麼做：敞開身體中央，將肚臍轉離吧台，朝向房間中央。

達成結果：增加你的自信訊號，使你變得易於親近。如此你們馬上就會讓大家知道，你們不排斥其他人來找你們說話（甚至請你們喝杯酒）。

你想要贏得這位女子的芳心，但進行得並不順利

原來動作

修正動作

要這麼做：移動椅子和身體，坐到她旁邊，而不是與她直接面對面。

達成結果：減少對峙性姿勢，增加你的親近度，促進融洽關係，如此就能打動對方的心！

你很害羞內向，而且還站在她不喜歡的那一邊

原來動作

修正動作

要這麼做：讓這位辣妹移到你自己喜歡的側位。

達成結果：在你移向她喜歡的那一邊前，先降低自己內在的負面思考與緊張，增加自信。

讓那些人明白你很有一套！

對方動作

你的動作

要這麼做：做出教父式的指塔動作，又稱為高指塔。如果他也擺出這種手勢，那你就把手撐得更寬更高。

達成結果：降低他的影響力與權力，增加你的權威、力量與自信。你正對他表示你也可以奉陪到底，並對自己說的話很有把握。你有周全的計畫。

你搞砸了，而對方很不爽！

對方動作

你的動作

要這麼做：當你握手時，把自己的手掌朝上，讓對方的手置於你的手上方，這會迫使對方位於手掌朝下的權力姿勢。同時並說：「我很抱歉，（對方的名字）。」然後承認損害或傷害。「這不會再發生了，請你原諒我。」

達成結果：阻止談判破裂，建立正直與誠信。你能尊重對方的感覺，降低他的怨恨，滿足他的自尊，最終減低對你的傷害。

對付討厭的同事

對方動作

你的動作

要這麼做：下猛藥，用手槍式指塔對他開火。

達成結果：減低他的影響力，增加你的權威與力道，最終獲得對話主控權。

對付跋扈的下屬

原來動作

修正動作

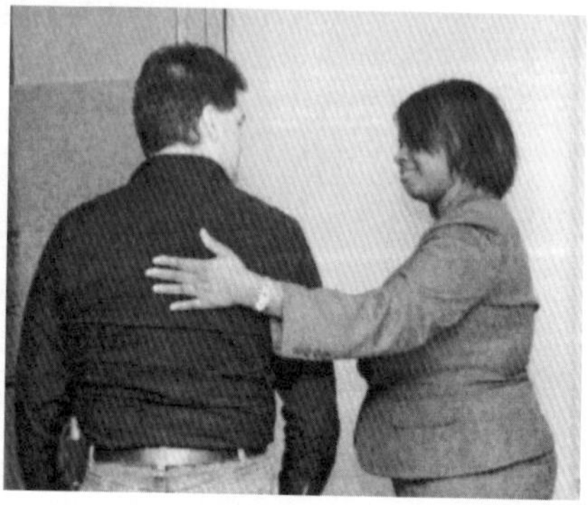

要這麼做：起立伸展一下身體，然後以站姿進行對話，同時護送對方走出辦公室。

達成結果：無論對方喜不喜歡，你都提醒了他你是老闆，他歸你管。

加分技巧：如果下屬仍試圖支配你，那就侵入他的個人空間：在他走進來的時候，坐在他的椅子上，把腳放在他的桌上，使用他的電話。

警告公司裡的小人！

對方動作

你的動作

要這麼做：儘管對方呈現指塔，你要當對方面站起來，用手指出紙上或白板上的某些論點，然後保持站立。千萬別退縮！

達成結果：你會增加自己的自信、權威、影響力與主控權，同時降低他的力量！

以其人之道還治其人之身，回絕死纏爛打的銷售員

對方動作

你的動作

要這麼做：一手靠牆，一邊膝蓋曲起，另一手勾在皮帶或口袋上（突顯你的淘氣部位），或如果你正坐著，在能力所及範圍內盡可能占據更多空間。

達成結果：這就好像你先到此地，已經在這裡占了地盤，對，你已經標示地盤，顯示你不是能讓人占便宜或輕易受影響的。

想要在求職面試時製造最佳第一印象，但你離面試官有點距離！

原來動作

修正動作

要這麼做：詢問面試官你是否能指出一些東西給他看，例如你的個人檔案或公司手冊裡的某些內容。起立並指給他看。在你坐回位置之前，不經意地移動椅子，讓自己稍微斜對面試官，而且是她喜歡的那一邊。身體微微向前，敞開身體中線，確保對方能看見你的雙手，並以手觸摸桌子。如此能增加自己的印象分數，提高你贏得這份工作的機會！

達成結果：你不會看起來像是在打量對方，甚至是疏遠或不誠實的樣子。這麼做能替自己的印象加分，幫助你贏得這份工作。

參考資料

Aaronson, L. "Dress Like a Winner." *Psychology Today*, March/April 2005.

--------. "Friends Don't Pick Up on Anger." *Psychology Today*, May/June 2005.

Anthes, E. "Six Ways to Boost Brainpower." *Scientific American Mind*, February 2009.

DiVesta, F. J. and D. A. Smith. "The Pausing Principle: Increasing the Efficiency of Memory for Ongoing Events." *Contemporary Educational Psychology* 4 (1979): 288-96.

Flora, C. "Metaperceptions: How Do You See Yourself?" *Psychology Today*, May/June 2005.

Friedman, R. and A. J. Elliot. "The Effect of Arm Crossing on Persistence and Performance." *European Journal of Social Psychology* 38, no. 3 (2008): 449-61.

Goldin-Meadow, S., et al. "Gesturing Gives Children New Ideas about Math." *Psychological Science* 20, no. 3 (2009): 267-72.

Harrigan, J. A. and R. Rosenthal. "Physicians' Head and Body Positions as Determinants of Perceived Rapport." *Journal of Applied Social Psychology* 13, no. 6 (2003): 496-509.

Harris, M. "Rich Too Posh for Eye Contact" Study: Body Language Tips Off Your Status." *Calgary Herald*,

February 7, 2009.

Hicklin, L. A., C. Ryan, D. K. Wong, and A. E. Hinton. "Nose-Bleeds after Sildenafil (Viagra). "*Journal of the Royal Society of Medicine* 95, no. 8 (2002): 402-40.

James, W. T. "A Study of the Expression of Bodily Posture." *Journal of General Psychology* 7 (1932): 405-37.

Kelly, S. D., C. Kravitz, and M. Hopkins. "Neural Correlates of Bimodal Speech and Gesture Comprehension." *Brain and Language* 89, no. 1 (2004): 253-60.

Kraus, M. W. and D. Keltner. "Signs of Socioeconomic Status: A Thin-Slicing Approach." *Psychological Science* 20, no. 1 (2009): 99-106 (8).

Mehrabian, A. "Inference of Attitude from the Posture, Orientation, and Distance of a Communicator." *Journal of Consulting and Clinical Psychology* 32 (1968): 296-308.

Nicholson, C. "Olympic Gold Medal: Is the Body Language of Triumph (or Defeat) Biological?" *Scientific American*, August 11, 2008.

Rowe, M. L. and S. Goldin-Meadow. "Differences in Early Gesture Explain SES Disparities in Child Vocabulary Size at School Entry." *Science* 323, no. 5916 (2009): 951-53.

Schnall, S. and J. D. Laird. "Keep Smiling: Enduring Effects of Facial Expressions and Postures on Emotional Experience and Memory." *Cognition and Emotion* 17, no. 5 (2003): 787-97.

Tracy, J. L. and D. Matsumoto. "The Spontaneous Expression of Pride and Shame: Evidence for Biologically Innate Nonverbal Displays." *Proceedings of the National Academy of Sciences* 105, no. 33 (2008): 11655-60.

Wachsmuth, I. “Gestures Offer Insight.” *Scientific American Mind*, October 4, 2006.

Walsh, B. “Study: Babies Who Gesture Learn Words Sooner.” Time.com, February 12, 2009.

心得筆記

國家圖書館出版品預行編目資料

從讀心到攻心：七天教你掌握身體語言力
珍妮．柴佛（Janine Driver）、瑪瑞斯卡．凡阿爾斯特（Mariska Van Aalst）著；程珮然 譯. -- 初版.
臺北市：商周，城邦文化：家庭傳媒城邦分公司發行，

2011.1 面； 公分

譯自：You say more than you think : a 7-day plan for using the new body language to get what you want

ISBN 978-986-120-454-3（平裝）

1. 行爲心理學 2. 肢體語言 3. 自信 4. 溝通

176.8 99022542

從讀心到攻心：七天教你掌握身體語言力

原著書名／You Say More Than You Think
作　　者／珍妮．柴佛（Janine Driver）、瑪瑞斯卡．凡阿爾斯特（Mariska Van Aalst）
譯　　者／程珮然
責任編輯／陳玳妮

版　　權／林心紅
行銷業務／李衍逸、黃崇華
總 編 輯／楊如玉
總 經 理／彭之琬
事業群總經理／黃淑貞
發 行 人／何飛鵬
法律顧問／元禾法律事務所 王子文律師
出　　版／商周出版
台北市104民生東路二段141號9樓
電話：(02) 25007008 傳真：(02)25007759
E-mail：bwp.service@cite.com.tw
Blog：http://bwp25007008.pixnet.net/blog
發　　行／英屬蓋曼群島商家庭傳媒股份有限公司城邦分公司
台北市中山區民生東路二段141號2樓
書虫客服服務專線：(02)25007718；(02)25007719
服務時間：週一至週五上午09:30-12:00；下午13:30-17:00
24小時傳眞專線：(02)25001990；(02)25001991
劃撥帳號：19863813；戶名：書虫股份有限公司
讀者服務信箱：service@readingclub.com.tw
城邦讀書花園：www.cite.com.tw
香港發行所／城邦（香港）出版集團有限公司
香港灣仔駱克道193號東超商業中心1樓
E-mail：hkcite@biznetvigator.com
電話：(852) 25086231 傳眞：(852) 25789337
馬新發行所／城邦（馬新）出版集團【Cite (M) Sdn. Bhd.】
41, Jalan Radin Anum, Bandar Baru Sri Petaling,
57000 Kuala Lumpur, Malaysia.
Tel: (603) 90578822 Fax: (603) 90576622
Email: cite@cite.com.my

封面設計／黃聖文
排　　版／藍天圖物宣字社
印　　刷／韋懋印刷事業有限公司
經 銷 商／聯合發行股份有限公司
電話：(02) 2917-8022 Fax: (02) 2911-0053
地址：新北市231新店區寶橋路235巷6弄6號2樓

■ 2011年01月04日初版
■ 2021年07月22日二版2.6刷
定價320元

Printed in Taiwan

城邦讀書花園
www.cite.com.tw

 ISBN 978-986-120-454-3

商周出版

廣告回函
北區郵政管理登記證
台北廣字第000791號
郵資已付，免貼郵票

104台北市民生東路二段141號2樓

英屬蓋曼群島商家庭傳媒股份有限公司　城邦分公司

請沿虛線對摺，謝謝！

商周出版

書號： BK5O52X　**書名：** 從讀心到攻心　**編碼：**

請於此處用膠水黏貼

商周出版

讀者回函卡

感謝您購買我們出版的書籍！請費心填寫此回函卡，我們將不定期寄上城邦集團最新的出版訊息。

不定期好禮相贈！
立即加入：商周出版
Facebook 粉絲團

姓名：＿＿＿＿＿＿＿＿＿＿＿＿＿＿ 性別：□男 □女

生日：西元＿＿＿＿＿年＿＿＿＿＿月＿＿＿＿＿日

地址：＿＿＿＿＿＿＿＿＿＿＿＿＿＿＿＿＿＿＿＿

聯絡電話：＿＿＿＿＿＿＿＿＿＿ 傳真：＿＿＿＿＿＿＿＿＿＿

E-mail ：

學歷：□ 1. 小學 □ 2. 國中 □ 3. 高中 □ 4. 大學 □ 5. 研究所以上

職業：□ 1. 學生 □ 2. 軍公教 □ 3. 服務 □ 4. 金融 □ 5. 製造 □ 6. 資訊
□ 7. 傳播 □ 8. 自由業 □ 9. 農漁牧 □ 10. 家管 □ 11. 退休
□ 12. 其他＿＿＿＿＿＿＿＿＿＿＿＿＿＿＿＿

您從何種方式得知本書消息？

□ 1. 書店 □ 2. 網路 □ 3. 報紙 □ 4. 雜誌 □ 5. 廣播 □ 6. 電視
□ 7. 親友推薦 □ 8. 其他＿＿＿＿＿＿＿＿＿＿＿＿

您通常以何種方式購書？

□ 1. 書店 □ 2. 網路 □ 3. 傳真訂購 □ 4. 郵局劃撥 □ 5. 其他＿＿＿＿

您喜歡閱讀那些類別的書籍？

□ 1. 財經商業 □ 2. 自然科學 □ 3. 歷史 □ 4. 法律 □ 5. 文學
□ 6. 休閒旅遊 □ 7. 小說 □ 8. 人物傳記 □ 9. 生活、勵志 □ 10. 其他

對我們的建議：＿＿＿＿＿＿＿＿＿＿＿＿＿＿＿＿＿＿＿＿

請於此處用膠水黏貼